ネットニュースだけではわからない

子どもを
主人公にした

奈良教育大学附属小学校の

豊かな
教育

著者／菊池 省三　原田 善造

わかる喜び学ぶ楽しさを創造する教育研究所　略称：喜楽研

はじめに

　2024年1月下旬に奈良教育大学附属小学校（以下附属小学校）の「不適切な指導について」というネットのニュースが流れました。40年近く附属小学校の授業参観等で子どもたちや先生方の生き生きとした姿を見てきた一人として，とても違和感を覚えました。私（原田）の尊敬する教育実践研究家であり，数年来の友人である菊池と話し合い，本書を発行することにしました。

　私（菊池）は，この10年ぐらいで全国のいろいろな学校を訪問し，各学校での飛び込み授業も含めて2000回以上の授業をしてきました。授業を通して，管理職や担任の先生方と教育について何度も話し合いをしてきました。そうした中で，「やはり教育は人だな」という思いを，経験を積み重ねる度に強く感じるようになりました。教育委員会の方々や，校長先生，教頭先生，担任の先生が愛情に溢れている，一人一人の子どもを大切にしようとしている，そういった思いがあるかないかで，子どもの教育に大きなちがいがでると思うようになりました。

　附属小学校の「みんなのねがいでつくる学校」（2021）という本を読みました。そこで私（菊池）が強く感じたのは，一人一人の子

どもを大切にされている附属小学校の先生方の姿でした。兵庫県西宮市の小学校の先生が本書（P33）で，次のように述べられています。

「今後も奈良教育大学附属小学校の教職員の方と同様，子どもたち
　の願いを実現できるように，覚悟を持って学び続けていきたい」

と。私（菊池）もそう思います。

　本書では，日本の教育の現状と課題，そして附属小学校の真の姿を私たち二人の目を通して伝えようと思います。

　前半は，菊池が全国の学校を回って感じたことや問題点，附属小学校の「完全抽選制」などについて執筆し，後半は原田が附属小学校を退職された先生方や，校内研究サークルなどで附属小学校の取り組みを学ばれた先生方から聞き取りをしたことを中心に執筆しています。

　本書が，全国の学校で学んでいる子どもたち，とりわけ，奈良教育大学附属小学校で学んでいる子どもたちや卒業生，保護者の方々，そして，日々がんばっておられる全国の先生方の勇気や希望の一助に少しでもつながってくれればと願っています。

2024 年 3 月　菊池省三　原田善造

目次

奈良教育大学附属小学校の教育　社会

奈良教育大学附属小学校の体験学習

奈良教育大学附属小学校の教育　算数

奈良教育大学附属小学校の教育　理科

奈良教育大学附属小学校の教育　図画工作

「教育とらさん」こと菊池省三の見た日本全国の教育事情と奈良教育大学附属小学校の豊かな教育

なぜ菊池省三は「教育とらさん」と呼ばれるのか

　右記の 2023 年のスケジュール表は，菊池省三のリアルな 1 年間の姿です。1 月だけみても熊本での連続講座に始まり，愛媛県松山市→大川村→高知市→福島市→また高知市→徳島市→三重県松阪市で授業をしたり，先生方と教育について語り合ったりしています。2 月の千葉 week は，千葉県柏市の小学校を 10 校訪れます。まず 9 時半頃から私が授業をします。そのあと，その学校の先生方の授業を参観します。午後は，別の学校に行き授業をし，研究会に参加します。17 時半頃に研究会が終わります。そのあと，夕食を兼ねて 18 時頃〜 22 時頃までその学校の現場の先生方や校長先生と教育談義に花を咲かせます。そして，一日が終わり，22 時過ぎホテルに帰ります。次の日は，また違う小学校に行き，同じことをくり返します。そのような日が月曜日から金曜日まで 5 日間続きます。千葉 week で子どもも先生方も私も多くのことを学び合います。

　私は，日本中の学校に呼ばれればどこにでも出かけます。どんな山奥の学校であれ，へき地の学校であれ，そこで授業をし，その学校の子どもたちや現場の先生方と話し合っていきます。まるで，「男はつらいよ」の「寅さん」のようなので，いつしか「教育とらさん」と呼ばれるようになりました。寅さんのように，各地で恋の花は咲かせませんが，各地の子どもたちや先生方と学ぶ喜びにひたります。そんな「教育とらさん」から見ても，奈良教育大学附属小学校の授業は素晴らしいものです。図工の絵ひとつを見ても，それがよくわかります。絵を見るだけで，子どもたちの確かな学力，生きる力をひしひしと感じます。こんな素晴らしい絵は子ども一人では絶対に描けません。絵を描きながら互いに励まし合っている子どもたちの姿や，個性を大切にしながら子どもたちを丁寧に指導されている先生の姿が目に浮かびます。日本に奈良教育大学附属小学校のような大学の附属小学校があったことに驚かされました。このような特色がある学校が日本各地に生まれることを切に願っています。

2023年（令和5年）　菊池省三スケジュール

日	1月	2月	3月	4月	5月	6月	7月	8月	9月	10月	11月	12月
1		水 松阪市	水 取材	土 兵庫県	月 長崎県福江島	木 山梨県	土 オンラインセミナー	火 兵庫県	金 徳島県		火	金 移動
2		木 小学館	木 小学館	日 兵庫県	火	金 山梨県	日	水 喜楽研 柏市	土 移動		木	土 山形県
3	火	金	金	月 喜楽研	水 オンラインセミナー	土 松阪市	月 湖南市	木 柏市	日 徳島県	火 西脇市	金 和歌山県	日 山形県
4	水	土 連続講座	土 連続講座	火		日 オンラインセミナー	火 湖南市 移動	金 移動 親会 懇親会	月 徳島県	水 西脇市	土 中村堂（東京）	月 千葉県
5	木 熊本きらり	日 連続講座	日 連続講座	水	金	月 松阪市	水 喜楽研	土 宮崎県	火 徳島県	木 西脇市	日 勉強会	火 千葉県
6	金	月	月 黒岩小	木		火 移動	木	月 尾張旭市	水 徳島県	金 西脇市	月 移動	水 千葉県
7	土 連続講座	火	火 黒岩小	金	日	水 松山市	金	月	木 徳島県	土 移動	火 長野県	木 移動
8	日 連続講座	水 鳥取県	水 高知県	土	月	木 高知県安田町	土 高知県大川村	火 三河支部 今治市	金	日 埼玉県		金 ネクストベーシック
9	月	木 鳥取県北栄町	木 高知県	日 大阪PTA	火 鳥取県北栄町	金 ZOOM取材 移動	日 東海市	水 四国中央市	土	月 埼玉県		土 移動
10	火	金 大阪	金 香川県	月	水 移動	土 まるごと研	月 オンライン	木 北九州	日	火 徳島県		日 松山市
11	水	土 NHK	土 連続講座	火	木 西脇市	日 懇親会	火	金	月 小学館	水 東かがわ市	土	月 松山市
12	木	日 千葉県	日 連続講座	水 西脇市	金	月 浅口市	水 小学館	土	火	木 高知県大川村	日	火 小学館
13	金 熊本PTA	月 千葉県	月	木 兵庫県	土	火	木 小学館	日 茅ヶ崎市	水	金	月 山梨県	水 宇和島市
14	土 熊本きらり	火 千葉県	火	金	日	水 倉敷市 移動	金	月	木	土 オンライン	火 山梨県	木 松山市
15	日	水 千葉県	水	土	月	木 小豆島	土 オンラインセミナー 東京	火	金 倉敷市	日	水 山梨県	金 松山市
16	月 松山市	木 千葉県	木 先生打ち合わせ	日 喜楽研 高知	火 移動	金	日 映学社撮影	水 徳島県名西郡	土 小学館	月 山梨県	木 山梨県	土 大阪
17	火 高知県大川村	金 千葉県	金	月	水	土 徳島県	月	木 三好教育研究 移動	日 岡山県	火 千葉県 移動	金 山梨県	日 作文表彰式
18	水	土 千葉県	土	火	木 神戸市	日 徳島県	火	金 移動	月 ママの会	水 千葉県	土 小学館	月 小学館
19	木 高知県	日 東海市	日	水 千葉県	金 阪神地区	月 高知県大川村	水	土 福島県	火 移動	木 柏市	日 移動	火
20	金 福島県	月 先生打ち合わせ	月 小学館	木 千葉県	土 熊本県	火 高知県大川村 移動	木	日 福島県	水 東かがわ市	金 作文コンクール	月	水
21	土 福島県	火 松阪市	火	金 千葉県	日 熊本県	水 東かがわ市	金	月 千葉県	木 小学館	土 佐賀県	火 任天会 移動	木 喜楽研
22	日 高知県	水 移動	水	土 千葉県	月 小学館	木	土 中村堂	火 千葉県 移動	金 ネクストベーシック	日 佐賀県	水 山口県長門市	金 寝屋川市
23	月 高知県	木 岡先生ぶ会	木	日 校長と打ち合わせ	火	金 宮崎 ZOOM	日	水 高知県奈半利町	土 移動	月 市長対談	木 先生打ち合わせ	土
24	火 高知県	金 任天会	金 學陽書房	月 神戸市	水 小学館	土 福山市	月	木 移動	日		金 防府市	日 防府市
25	水	土 移動	土 千葉県	火	木	日 福山市	火 名古屋	金 岐阜市	月		土 兵庫県	月
26	木	日 長崎県五島市	日 千葉県	水	金 ラジオ	月 湖南市	水 三重県	土 神奈川県	火 山口県美祢市 移動		日 兵庫県	火
27	金	月	月 岩手県	木 小学館	土 オンラインセミナー	火 小学館 湖南市	木 松山市	日 神奈川県	水 下関市	金 移動	月	水 喜楽研
28	土 徳島県	火	火 岩手県	金 喜楽研	日	水 湖南市	金 松山市	月 福山市 移動	木 移動	土 高知県	火 北見市	木 勉強会
29	日 徳島県		水 オンライン会議	土 長崎県五島市	月 山梨県	木		火 菊池道場全国大会	金 松山市 移動	日 柏市	水 柏市	金 勉強会
30	月 松阪市		木 オンライン会議	日 長崎県	火 山梨県	金	日 授業バトル	水 喜楽研	土 ZOOM	月 柏市	木 柏市	土
31	火 松阪市		金 兵庫県		水 山梨県		月 広島県江田島市	木 高知県		火		日

「教育とらさん」（菊池省三）の父の教え

　国立でありながら，どんな子どもでも受け入れる完全抽選制を採用する奈良教育大学附属小学校（以下，附属小学校）の話を聞いて，私はそこに教育の本質があるように感じました。そう感じた背景には，私の父親からの教え，私自身の 33 年間の教員生活とその後 10 年間の活動を通して学んだことが影響していると思います。

　私の父親は中学校教員をしていました。全国学力テスト，勤務評定といった大きな方針が打ち出された時期に愛媛県で組合活動をしていました。立場的にも考え方的にも，それらの大きな方針に反対していました。そのためか，何度も職場を転勤させられていました。その父親から教えられ，転勤を命じられてもずっと大切にしてきた考えが，「子どもがいる所に行くのが先生だ」ということでした。教育委員会等からの嫌がらせや配置転換があったとしても，「そこに子どもがいればそれで十分，子どもが宝，子どもの幸せが一番大切だ」ということなのでしょう。これは私にとって一番の芯でもあります。そしてその考えは，附属小学校が行う完全抽選制が示す理念と通じるところがあります。

どんな子も大事にする
奈良教育大学附属小学校の完全抽選制

　私の父親が活動していたのと同じような時期に，附属小学校でも入試方法を巡って大きな変化が巻き起こっていました。それが，1965年に成立した入学希望者をテストで選抜せずに完全抽選制によって受け入れる方式です。その制度が確立されるには，10年以上の歳月と現場の教員による努力があったそうです。それまでは，「テストの成績の良い子からとる」「学校関係者の子弟を考慮する」といった学校側による選別がありました。このやり方に疑問を抱いた当時の教員が改革を訴え，活動を始めたのです。活動開始から実現に至るまでには紆余曲折あったそうですが，当時，改革の中心にいた教員の残した言葉が『**わたしの教育史Ⅱ**』(2008年) という本にこう書き記されています。

　「どんな子も大事にする教育の大切さを会議で力説し，これが職場を動かし，多数意見になったからです」（継承し発展させてほしい―わたしの教育史Ⅱ；P182）

　これこそまさに私が今も大切にしている考えなのです。時代は違えども，何よりもすべての子どもに開かれた場を目指す姿は，教育にとって最も重要なことだと思います。

多様な子どもたちが学び合える
奈良教育大学附属小学校の完全抽選制

　教育現場で質問や相談を受けていると時々，違和感を覚える瞬間があります。それは国語，算数，英語，理科，社会といったテストがある教科のみを学習とみなした相談です。極端な例では，教科外学習の指導をしていると学力テストの点数はどうですかといったような質問を受けることがあります。学力向上を気にしてそれらの教科の学習に関心を持たれるのは，決して悪いことではありません。しかし，特別活動や総合，そして多様な友だちとの交流が生まれる活動を重視せずに，教科にのみ関心を示す姿勢には疑問符を付けざるをえません。しかし，学校という学びの場は教科学習と教科外学習の両方で成り立っています。なぜ全体を全体として受け止めずに，数教科の，それも点数で測れる部分のみを気にされるのだろうというふうに違和感を覚えました。そういった観点からも附属小学校が選考方法を抽選のみとしていることは素晴らしいことだと思います。選抜テストをしないで抽選のみにすると多様な子どもが入学できます。家庭環境も多様になります。多様な家庭環境の子どもと関わり合うことは子どもたちの成長にとってとても大切なことです。現代の社会は，世界の多様な国や家庭で育った人々との交わりで成り立っています。どんな家庭の子どもでも入学できる附属小学校の完全抽選制は，学びの多様性の基礎を保障していると言えます。1965年にこの方針が決定して以来,今もその姿勢がぶれることなく続いているのは,点数で測れる部分だけが教育ではないと知っておられるからではないでしょうか。

1965年から今も続く
附属小学校の教育理念の素晴らしさ

　私は公立の学校で教えていましたので，その地域で暮らす様々な子ど
もが来ます。言ってみれば公立の小学校は社会の縮図だと思います。そ
ういった環境でこそ，トータルとして人間を育てるという教育が行われ
るものだと思っていました。実は私が若いときには，国立の小学校や私
立の小学校は一部の優秀な子どもだけを選抜テストで集めて教育を行う
ところだと考えており，公立にいた私はそれに対する反骨心のようなも
のを持っていたと思います。国立大学の附属だからできることがあると
か，選ばれた子どもたちだから成り立つんだといったことを，耳にしま
したし，口にしていたと思います。しかし，奈良教育大学附属小学校の
取り組みは，校種は違えども，戦後の私の父親の教育観と同じ考えで教
育を行っています。公立畑の私から見ても，素晴らしい取り組みであ
るし，伝統であるというふうに感じています。どの子も受け入れて，
どの子も大切にするという教育が，国立の奈良教育大学附属の小学校
で1965年から連綿と行われていること自体，素晴らしいことだと思
います。

子どもはどのようなときに変わるのか

　私が担任をした子どもの中に，U君という生徒がいました。彼を受け持ったのは5年生，6年生の2年間でしたが，彼は2年生の時点で発達障害の診断を受け，ずっと薬を飲んでいました。彼は面白いこと，楽しいことがとても好きな一方で，面白くないこと，つまらないことは大嫌いと，はっきりとした性格の持ち主でした。落ち着きもなく衝動的に行動することから，4年生までは先生によく注意されていました。「これはダメ」「ああしなさい，こうしなさい」「じっとしていなさい」といったことをずっと言い続けられてきたそうです。彼は教室に居場所を失くし，校長室に行くこともありました。そんな彼も，劇的に変わることになりました。教科の学習でも，わからないことは，わからないと言える子どもに成長しました。周りも彼の個性を受け入れ始めました。その結果，彼もどんどん自分の個性を良い方向に発揮して，私の学級では主役の一人でした。

　彼が高校を卒業した後，ある取材で私と対談する機会がありました。その対談のときに，私は，高校を卒業したばかりのU君に「今の子どもたちに，何かメッセージはありますか」とお願いをしました。すると，彼は，「僕みたいに楽しいことが大好きで，でもそれを規制されている子どもも多いと思います。大変辛いことだと思います。僕も苦しい思いをしたけれど，楽しいことをしたいという気持ちを絶対に子どもたちには，捨てないでほしいです」と話してくれました。続けて彼は，4年生までのことを思い出し，ポツリと呟きました。「何人かの先生は，僕のことを思って叱っていたのではないと思います。教室の調和のため，教室が崩れてしまわないため，事故らないために，まるで小石を取り除くようにしていただけなのです」と言いました。この言葉の衝撃は，今も鮮明に記憶に残っています。

U君は5年生，6年生と2年間を本当に一生懸命やり遂げました。仲間と話し合い，助け合い，時には批判し合って対話することの大切さを学びました。人間はある一定期間，力一杯，精一杯，頑張ると，自分の過去や現在，これからを見つめて語れるようになるのだなと思いました。私はその18歳を過ぎたばかりの教え子から人の生き方を教わったのです。改めて振り返ってみると，子どもが変わるときは，他者との関わりが大きいように思います。それが金太郎あめのように教育の在り方を画一的にしたり，一律の子どもだけを集めた環境では，人が成長し合う価値ある教育の面白さや喜びを，先生も子どもたちも経験することができません。子どもの頃に，トラブルや人間関係の軋轢を経験して学び合う中で，自分と違う考え方や見方，表現の仕方等に触れて成長していくことができます。他者との関係性は人が成長するうえで，欠かせないものだと常々思っています。

多様性の時代に逆行する教育現場

　全国のいろいろな学校を回り，飛び込み授業をしていく中で，教室は宝箱だなと思います。教室には，一人一人違うその子らしさ，言い換えれば多様な子どもたちがいるからです。しかし，多様性を認める時代に入っているにも関わらず，教育現場では多様性を排除する方向に進んでいるのではないかと危惧していることが２つあります。

　１つは，インクルーシブ教育や特別支援教育をご専門とした大学の先生からご示唆をいただいた支援のあり方についてです。

　現在の多くの教育現場では，教師が気になる子がいたら，すぐに「たし算」の支援をするのです。例えば，教室に支援が必要な子どもがいる場合，支援する大人を側につけます。その大人がその子のできないことを先に手助けして困らないようにすることを支援といってしまうのです。これでは，気づかないうちにクラスからその子を孤立させたり，自分でできるようになるチャンスを奪ってしまったりすることになります。支援する先生をつけるとしても，あくまでその子を信じて取り組む様子を見守るぐらいでいいのです。失敗したときにフォローすることが，支援なのです。教師が教えて与えた成功体験よりも，失敗した後のフォローや，失敗したと思われる行動に価値を見出して，言葉をかけることがその子の学びとなります。今後の教師は，プラスの支援をするのではなく，一歩引いて見守る姿勢が求められます。子どもの可能性を信じることが必要なのです。また，その子を取り巻く他の子どもたちと関わり合うような繋がりを生むことが大切です。この繋がりが強くなると互いに影響し合い，子ども同士がもっとダイナミックに関わり合うようになるり，クラス内で多様性が認められる状況になるでしょう。

もう１つは，教育のスタンダード化です。ある県では，全小学校を挙げて，スタンダード授業化，ベーシック授業化に取り組んでいるところがあります。実際に私は授業を見せていただいたことがあります。そうすると，黒板に『⑩あて』とか，『ⓗとりまなび』，『ⓝりあい』，『ⓜとめ』の頭文字のカードが黒板に貼ってあるのです。私は，それを見たときに，「もう授業が終わったのかな」と思ってしまったくらいです。すると，その状態から授業が始まるのです。『めあて』の所に『めあて』の言葉を書いた短冊を貼ったり，あるいは書いたりして，見事な黒板が仕上がるのです。しかし，予定調和でどんどん進んでいくだけの授業ですから，先生も想定している意見を出させるのに四苦八苦しています。子どもも誰かが発言するだろうというスタンスでいますから，授業が盛り上がりません。負の連鎖に陥っているのが現状です。

　それよりも奈良教育大学附属小学校の教員のように，子どもを学びの中心に据えると，目の前の子どもたちに合わせた教材を用意するとか，子どもの学びから次の学びに繋げていくとか，そういったダイナミックな学びになると思うのです。もちろん，スタンダード授業，ベーシック授業というのは，あくまでも一つの指導方法です。しかし，多くの自治体では指導方法の行き過ぎた定式化が進んでいます。本来であれば，豊かな教材研究が先にあり，児童に適した発問研究があって，その後に指導方法が決まってくるのです。

　読者の方々にも奈良教育大学附属小学校の教員によって書かれた**「みんなのねがいでつくる学校」**（2021）を一度読まれることをおすすめします。そこには，「子どもの科学的な学びとは何か」「子どもが主体的に学ぶとは何か」が丁寧に提示されています。

奈良教育大学附属小学校の教科教育

　本書の 58 ページから 69 ページでは，実体験を大切にした実践が紹介されています。社会科の農業や水産業，林業などの学習は，多くの子どもたちにとっては教科書で学ぶ実感の少ない学習です。水産業の学習では，和歌山県の勝浦漁港まで 5 年生全員が出かけます。子どもたちは教科書では学べない生の声を知ることができます。ただの体験で終わらせることなく，実際に足を運んで本物を見ることの価値，実際に耳を傾けることの大切さを実感できる学びを展開されています。子どもたちも実感のある学びとなることでしょう。

　本書の 118 ページから 125 ページでは，美術教育を通して五感を生かして人との温かな交流を広げたり，他者との相互理解を深めたりしていることがわかります。紹介されている作品からも，子どもたちが生き生きと自分の目で見た光景を心を込めて描いていることがわかります。子どもたちの作品にかける思いがひしひしと伝わってきます。「みんなのねがいでつくる学校」(2021) 第 5 章の「〈他者〉と出会う」では，「ヒトが成長・発達するためには〈他者〉が必要です。ここでいう〈他者〉とは，「他人」「自分とは別の人物」を必ずしも指すわけではありません。〈他者〉とは「自己とは異なるもの」を意味します。それは人物というわけでもなく，時に事物であったり現象であったり，記号であったり，あるいは自分自身の内面であったりもするものです。それらが，〈他者〉として自己の前に立ち現れたときに，ヒトは自己を変革させるのです」(みんなのねがいでつくる学校;P185) とあります。まさに，美術教育を通して，子どもたちが変革している学びを実現していることがわかります。

附属小学校の「集団でこその学び」

　「みんなのねがいでつくる学校」(2021) 第5章の「集団の中でこその学び」では、「**クラスのなかまの意見を聞いて、ようやく納得に至ります。そのときに、なかまの意見を聞きながら、自分の疑問を解消する論理を自己の内面に形成したのはその子自身です。その子ならではのつまずきを経験し、その子ならではの論理で乗り越えていくという、「個性に合わせた学び」は、集団で学ぶ中から生まれてきます**」(みんなのねがいでつくる学校；P184) とあります。教室にはいろいろな子どもたちがいます。その子どもたちが相手のことを自分とは違う存在であることを受け止めることができて、初めて対話が成立します。対話を通して、学びが深まり人として成長していきます。

　学校は、社会の縮図です。価値観が異なる、考え方も異なる、全てが異なる人が一堂に介して同じ教育を受ける場所です。そこでは、多様性を尊重する姿勢が求められます。「**一人ひとりが大事にされる学校は、一人ひとりが大事にされる社会につながっています。多様性を認め合う学校は、多様性を認め合う社会につながっています**」(みんなのねがいでつくる学校；P196) とあります。ところが、現状はそうなってはいません。スタンダード、ベーシックといった名のもと画一的な授業が行われ、多様な子どもの芽を摘む指導が行われています。「**真に『よい教育』は、それに携わるみんなが主体性を発揮でき、公教育のみならず、その先にある社会をつくっていく、そのような流れの中でこそ実現されうる**」(みんなのねがいでつくる学校；P196) ともあります。

　私たち教師は、「よい教育」とは何かについて、今後も考え続けなければなりません。その参考となるのが、奈良教育大学附属小学校の先生方の実践と言えます。

画一化する教育現場（1）
足型指導に驚く

　私はこの10年間，日本で一番，全国のいろいろな学校に行った人間だと思います。飛び込み授業も2000回以上はしました。そういった中で自治体や学校，あるいは管理職の先生方と年間を通して何度も関わりを持ってきました。場合によっては数年間に渡って関係が続いています。

　その中で感じたのは，地域によって教育の在り方が大きく異なるということです。地域によっては，一律の指導方法で統一しようという「教育のスタンダード化」が推し進められていると感じるところがあります。

　極端な例ではありますが，ある学校では，机に座った時に足が揃うように床に足跡の型を付けて，椅子には滑り止めのシートを敷かせることで，きちっとした姿勢で授業を受けさせるような指導が行われていました。そこの校長先生の話を聞いていると，他の場面でも問題が見えてきました。全国学力テストの質問紙に対して，勉強が面白くないと回答した子どもに対して，「そんなことはないでしょう？」と書き直しを促して提出させるといったことも行われているようでした。

足が動かないように
するための足置き場

画一化する教育現場（2）
台本通りの授業

　授業の場面でも画一化した教育が見受けられます。ある発表会で，私には事前に発表会の内容が伝えられました。1時間目は児童によるセルフ授業，2時間目は公開授業という形でした。実際に見て愕然としたのですが，セルフ授業ではあらかじめ板書が全て揃った状態で授業がスタートするのです。日直や学習リーダーといった役目の子が台本通りの授業をしていくという構成になっています。子どもとしては何をさせられているか分からない意味のない授業です。また2時間目の公開授業のときにも，予定外の意見を言った子に対して，別の子が「今はそんなこと言ったらだめだよ」と言っていたのを目の当たりにしました。何よりも違和感を感じたのが，こういった授業に対して校長先生が誇らしそうにしていたことです。

　スタンダードを設けて基準を作るのは悪いことではありません。しかし，スタンダード化するだけで満足してそこで止まってしまうと，教育の硬直化を招くことになります。その例が，前述の足型や画一化された授業展開，その極致は前もってそれらを自主性，自発性だと言って誇ることです。これはとても怖いことだと思います。

子どもを中心に据えた教育現場

　他方で，決められたことだけを推し進める教育ではなく，人を中心にした教育を推し進めている地域も多くあります。そういった場所では，教育に携わる人が大事になってきます。一人一人の子どもを大事にしようとする愛情があり，実践している場所では教育現場に大きな違いが見えてきました。

　例えば，滋賀県のＫ市の教育長は教育委員会の校長への方針として「校長先生笑顔率世界一」をキャッチコピーに掲げています。校長先生や教頭先生が率先して笑顔で仕事している姿を見せると，教員そして子どもに笑顔が広がっていくという発想から生まれたようです。実はＫ市では数年前に首長が交代したときに，学力テストの点数を大事にしたいといったような要望を聞かされたそうです。しかし，その教育長は要望通りではなく，数字では表れない土台となる環境づくりを一番に持ってきて市全体の教育を進められています。言うのは簡単ですが，それを真面目に取り組んで地域単位で実現させようとしているのは素晴らしいことだと思います。

三重県のＭ市で経験したことも強く印象に残っています。Ｍ市は外国籍の子どもが多く，地域によっては児童の半分が外国籍を持つ学校もあります。実際に初めてＭ市の学校で授業をすることになった際に，事前に座席表を見せてもらいました。そこには明らかに外国にルーツを持つ子どもの名前がたくさん記載されており，驚いたことを覚えています。しかし，それ以上に驚いたのが，その学校の先生方が，多様な背景や事情がある子どもがいる環境で，どの子も見捨てないという強い想いを持って教育に取り組まれていたことです。私がそういった経験をしたことがなかったので，驚きとともに尊敬の念が湧きおこってきました。そこの小学校だけでなく，似たような環境の別の中学でも，子どもの事情に合わせた教育に取り組まれていました。この地域とは8，9年おつき合いをさせて頂いていますが，地域全体を良くしていこうという視点があり，素晴らしいことだと思います。

　私も一人も見捨てない，子ども中心という言葉を使っていますが，上には上がいるという風に感じます。一人を失うと全体の光を失うことになるという教育の本質を知っておられる先生方が各地にはいらっしゃるのです。

「自治の力」を育む附属小学校の豊かな教育

　固定化された教育ではなく，より良い教育の在り方を自分たちで考え，研究と実践を繰り返す学校もあります。奈良教育大学附属小学校はその代表的な例だと言えます。『**自立する学び**』(2006) や『**みんなのねがいでつくる学校**』(2021) は，附属小学校の教員によって書かれた本ですが，附属小学校が持つ理念や実際の取り組みが自分たちの言葉で語られています。これらの本を読むと，教科教育と教科外教育の両面から子どもを育てる強い意識が伝わってきます。ここでは，子どもの自発性・主体性を大切にしながら，「自治の力」を育むことを目指した教育について触れたいと思います。

　まず「自治の力」とは，「子ども，あるいは子どもたちが自分自身のねがいをことばにして，自覚すること。そして，民主的な手続きでそれを実現していくための，道筋を学んでいくこと」と定義されています。こういった力は，前述したような定型的な教育では育まれないでしょう。一方，附属小学校では「自治の力」を育むために以下の2点を必要だと考えています。「**各発達段階に応じた，集団的な課題の経験**」「**その集団的な課題を一つ高次なものへ引き上げるための指導者による課題設定**」(みんなのねがいでつくる学校；P96) 前者は，他者と関わる中で生まれてくる課題に子どもたち自身で取り組み，解決していこうという姿勢を重視しています。後者は，そこで生まれてきた課題を教員が適切に導いて，一歩進んだ課題を提示する役割を示しています。それぞれ私が教育現場で目の当たりにした実例と照らし合わせても，子どもを育てるうえで重要なアプローチだと思います。

例えば集団的な課題についてですが，固定化された教育を行っていると そういった課題には直面しません。予定調和を目的とした教育が行われているからです。前述した台本通りのセルフ授業は，課題も発生しませんし，先生も楽に終えることができます。しかし，そこに子どもの成長はありませんし，同時に指導者としての教員の能力も養うことができません。そうすると「指導者による課題設定」もできないでしょう。つまり，子どもだけではなく教員，ひいては教育全体が死んでいくことにつながるのではないかと思います。

　子どもが想いを口にするためには，教育環境が大切だと私は考えています。前ページでかつて私が受け持った教え子のU君についてお話しました。彼の「何人かの先生は，僕のことを思って叱っていたのではないと思います。教室の調和のため，教室が崩れてしまわないため，事故らないために，まるで小石を取り除くようにしていただけなのです」という言葉はまさに自分の想いや願いを口にできない教育現場の本質を突いていたと思います。彼の語りと，附属小学校の理念が教えてくれるのは，教室に画一ではなくみんなの課題が生まれることを歓迎し，自発性・主体性を大切にしながら全体で取り組むことを通して「自治の力」を発揮できる土壌づくりの重要性ではないでしょうか。

はじめに

　兵庫県西宮市のある小学校では，有志の教職員が「みんなのねがいでつくる学校」を課題図書として読み込み，輪読会を定例で開催してきました。この本で輪読会をしようとしたきっかけは，本の帯にある**「社会への適応とそれを可能にさせる教育が求められるいま，子どもの，親の，教師の本当のねがいはどこにあるのか。学校本来の役割とは何か。なかまとの対話の中で，答えだけを教わりたいのではない，子ども自身の内なる成長・発達への希求にせまり，育てる授業づくり」**という文言に惹かれたからです。これまでにも有志の間では，「学校とは何か」，「授業とはどうあるべきか」について，議論を重ねてきました。それとこの本の内容が見事につながったからです。

「みんなのねがい」を大切にする学校を目指して

－「みんなのねがいでつくる学校」第1章を読んで学んだこと－

　学校教育は，教育基本法第1条にもある**「人格の完成」**を目指すこと，**「平和で民主的な国家及び社会の形成者」**を育てることが最大目標です。つまり，みんなが生きやすい社会をつくっていく「人間」を育てることです。そして，多様性に充ちていて一人一人が尊重される社会を形成することを目指していくのです。

　私たちは，「子どものため」と簡単に口にしてしまうことがあります。しかし，実際には，本当に「子どものため」を追究できているのかどうかはわかりません。日々の業務に追われてしまい，目の前にいる子どものことですら，きちんと見ることができていないことがあるからです。しかし，奈良教育大学附属小学校の教職員の方々は，「子どものため」ということばの中身を言語化し，子どもの認識の発達を踏まえ，教科の特性をいかしながら授業づくりを行なっています。学ぶ価値のある教材で授業をすることで，子どもたちが生き生きと学ぶことができます。**（みんなのねがいでつくる学校;P23)** また，附属小学校の先生方が高い意識を持って，日々の教育活動に携わられていることに圧倒されました。

「不易と流行」という言葉があります。今，学校現場では，「流行」の部分に教育活動が偏重しがちです。ギガスクール構想，個別最適な学びなど，教育現場に新たな取り組みとして導入されました。例えば最近では，タブレット端末の表面的な活用があちこちで散見されます。しかし，手段の一つであるタブレット端末の活用をひたすら教えても，本来目指すべきところの話す・聞く・書く・読む等の身体的な活動の充実を図ることはできません。「Society5.0」が掲げられ，社会の変化に合わせた力をつけなければならないという考えが，流行の根幹にはあるように思います。しかし，教育の役割は流行に偏重することなく，みんなが生きやすい社会をつくっていく「人間」を育てることです。入澤佳菜教諭は，**「社会は合わせるものでも従うものでもなく，つくっていくものです。それが，民主主義の社会です」**という言葉で教育の目指すべき方向性を示してくれます。**(みんなのねがいでつくる学校；P22)** 流行とは対照的に，どんなに社会が変化しようとも，時代を超えて変わらない価値のあるもの（不易)」があります。例えば，他人と協調し，他人を思いやる心，人権を尊重する心などです。附属小学校は，そんな普遍的な部分(＝不易)の重要性をふまえた実践に取り組んでいます。いつの時代においても大切にされるべき，「不易」の部分を全教育活動において実現を目指す，そんな強い覚悟が伝わってきました。

子どもの願いの実現を目指す教科教育

　第2章では，授業づくりについて，子どもたちの言葉や実践記録の詳細が記載されています。教職員の方々が「学校教育で何を学び，どんな力を子どもたちにつけていくのか」，「教科教育の役割とは何か」を大切にして，日々の授業づくりをしていることがよくわかります。

　子どもたちが与えられただけの知識や情報を単に知るだけでは，何の役にも立ちません。その知識や情報は，実感を伴いながら思考したり，活用したり，関連づけるなどを通して，言語化された生きた知識や情報となるのです。このように，奈良教育大学附属小学校では，体験を通した学びを丁寧に実践されています。そうすることで，子どもたちの「できるようになりたい」「上手になりたい」という願いは，さらに高まり学びに対する主体性が子どもたちに育まれると考えられます。

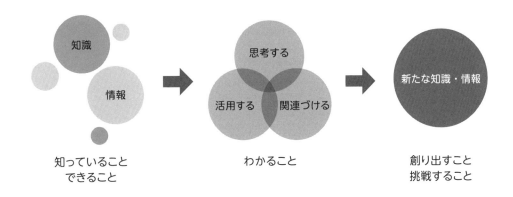

「自治の力」を育む
教科外教育の可能性

－「みんなのねがいでつくる学校」第3章を読んで学んだこと－

　立教大学教授の中原淳氏は，著書**「話し合いの作法」**（2022 PHPビジネス新書）で，**「『決める＝多数決』ではない」**と述べています。また，**「多数決の最大の弱点は，1位以外の案はすべて却下となることです」**とも述べています。（話し合いの作法；P262-263）例えば，多数決を採用して決める場面で31人学級の15人がA，10人がB，6人がCを選択したとします。多数決で決断する場合，ルール上はAに決定ですが，過半数の子どもたちが反対していることになるのです。過半数の子どもが反対しているにも関わらず，物事が決定して進んでいく状況は，「非・民主主義的な状態」だといえます。大切なのは，子どもたち自身でどのような決め方が良いのかを話し合う経験を積むことです。その過程で，多数決を選ぶこともあるかもしれませんが，子どもたちが考え，話し合って工夫することを重視するべきなのです。そういった話し合いが行われるためには，日頃の教科外教育において，メンバー同士の良好な人間関係を構築しておく必要があります。教科教育（授業）が学級（教科外教育）をつくり，学級（教科外教育）が教科教育（授業）をつくる表裏一体となって，子どもたちに「自治の力」を育んでいることがわかりました。

子どもの内と外の両面から理解する特別支援教育

－「みんなのねがいでつくる学校」第4章を読んで学んだこと－

　日常の業務に追われて余裕がなくなると，私たち大人が設定している基準からはみ出た言動だと判断すると，「問題行動」として厳しく指導してしまいます。子どもの「問題行動」の姿の裏には，その時期特有の子どものねがいが隠れていることがあります。図のように氷山の一角で見えている外の部分のみではなく，子どもの内にある背景や心の状態に寄り添った指導が重要となります。

　東京学芸大名誉教授の平野朝久氏は，著書「**はじめに子どもありき**」（2017 東洋館出版社）で，「**子どもと関わりをもつ以上，まずはその対象である子どもをよく理解しなければならない**」と述べています。そのためには，子どもの具体的な言葉や行動，表情となって表れた事実について子どもを理解する「**外からの理解**」と，その人になったつもりで，その人と同じ立場に立ってその気持ちを理解しようとする「**内からの理解**」の両方が大切なのだそうです。**（はじめに子どもありき；P41）**

　「問題行動」を起こす子は「困った子」であると考えられがちです。しかし，「問題行動」を起こす子は，どの子ももっている発達へのねがいをどのように表現したらよいか分からず，本人も望まない形であらわしている「困っている子」なのです。**（みんなのねがいでつくる学校；P124-125）**教員はそんな子どもの「見えないねがい」に寄り添いながら，子どもと向き合う必要があるのです。

　一人一台のタブレット端末が支給されてから，「学びの個別化」という名のもとに，「個性に応じた学び」から，「個別に行う学び」となり，「学びの孤立化」を生み出している様子が見られます。

　子どもの孤立状態から，豊かな成長は見られません。人は，他者との関わり合いの中で学び，成長するのです。学ぶことは，教科の知識や技能（教化）だけではありません。他者の言動を介して，人としての生き方やものの見方といった在り方を学ぶ（感化）ことになります。他者との関わりと感化する機会が増えることによって，子どもたちが自己の拡大をしていくことに繋がります。

　子どもたちは多様でかけがえのない存在です。ロボットのように画一的であれば，相互に感化し合うことはありません。多様で異なる存在だからこそ，互いに影響し合うことができます。

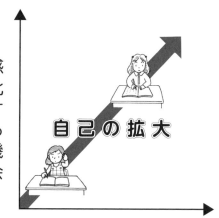

他者との関わり

おわりに

　今回，「みんなのねがいでつくる学校」を読むことで，改めて学校とは何か，そのために教師はどうあればよいかについて，仲間と考える良い機会となりました。1つの書籍を介して，輪読会を行うことで，それぞれの教師が持つ教育に対する思いや考え，願いを共有することができました。交流することで，お互いのことを知り，さらに理解を深めることに繋がっていくことにさほど時間はかかりませんでした。日常の業務に追われてしまい，なかなかこうした時間を設けることも難しい現状です。しかし，教師が互いに教育観や児童観を磨き合うことは，教師と子ども，みんなの願いを実現することに繋がります。今後も奈良教育大学附属小学校の教職員の方と同様，子どもたちの願いを実現できるように，覚悟を持って学び続けていきたいと思います。

分かりやすい手作り教具を使った授業

附属小学校の子どもたちを育てた先生たちの研究の深さと努力（1）

はじめに

私は長年，奈良県郡山市で教員をしていました。以下の内容は，奈良教育大学附属小学校の算数研究会に参加して学んだことです。

右の写真は『分数のものさし』といって分数の学習に使う教具です。これを見て，私の附属小学校との関係が始まりました。今では多くの教科書にこのような図が掲載されていますが，当時はとても目新しく分かりやすいなあと思う手作り教具でした。

分数ものさし

恩師である附属小学校の先生は，本物のジュースだとこぼれてしまうので，紙を使ったこの教具を「こぼれないジュース」と称して，子どもに具体的な物や場面を描かせ，分数ものさしを操作させました。私は，十進構造でない分数という新しい概念や計算を理解させながら，分数ものさしを学びに取り入れられたことに深い感銘を受けました。これをきっかけに一緒にいろんなことを学びました。教具作りや指導の仕方などを研究させていただき，40年近くがたちました。その中でいくつか記憶に残っている場面を紹介します。

正比例の学習会で学んだこと

1　子どもたちに寄り添った授業展開

　大きめの磁石玉を使って，１年生の「数やたし算・ひき算」の学習が始まりました。子どもたちは，磁石玉の上に人や花など様々な具体的なものの絵を紙に描いてのせます。その磁石玉で，２個と３個で５個というように，たし算をしていました。子どもたちは磁石玉に自分の思い描いた場面（りんごのたし算の場面や，鳥が飛んでいくひき算の場面など）をあてはめ，身振り手振りを交えながら自分のお話を考えて発表していきました。１年生らしく様々なお話が浮かぶ授業でした。

2　正比例の授業で

　６年生の「正比例」の学習では，水を一定の量で流し続け，その時間と溜まった水の量で正比例の決まりを見つけていきます。時間と水の量は共に２倍３倍…と変化する，「水の量÷時間」の商は一定，グラフは直線，「溜まった水＝決まった数×時間」などです。それぞれの学習の後，それらを関連付けていく学習が始まりました。いろんな要素を関連付けて話し合ったので，これを当時の附属小学校の先生は"蜘蛛の巣"と名付けて授業の中でいかされました。

　学んだ色々な考えや内容を"蜘蛛の巣"のように結び付けて思考を深めていくことは，数学に繋がる高学年の学びでは大切なことなのです。

正比例の学習で使った教具

3　若い先生に引き継がれる研究の思いと実践

　何年もかかって築き上げられた研究の成果
は若い先生に引き継がれています。

　ある先生は「面積」の学習の導入で子ども
たちが意欲的に学べるように動物の足裏の本
を見つけてきて象の足裏の面積を求める学習
をしました。1cm²のマスが印刷された紙
に足型を写し，最初は1cm²のマスが何個
あるかで考えていた子どもたちが「長さ×長
さ」へと考えを変えていきました。

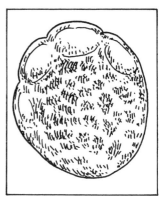

象の足裏の型

　教科書では比べ方を学習した後すぐ公式が示されます。しかし，直接
2つのものの長さを比べたり（直接比較），ひもなどを使って机の縦・
横など2つのものを比べたり（間接比較）するなど，人類が歩んできた
量を求めていく過程を試行錯誤し，単位や公式に結び付けて学ぶことは，
興味深く心に残る授業になったと思います。

　また，ある先生はかけ算九九を暗記や暗唱ではなくブロック並べ（こ
れはある研究会での実践
に基づいたもの）で行い
ました。この先生が工夫
したのは1cm²のマス
の金網に並べていったこ
とです。今までの授業の
実践をもとに，自分なり
の手作り教具を活用した
のです。

ブロック並べ

子どもたちが意欲的に楽しく
学べるように，ゲームを活用する

附属小学校の子どもたちを育てた先生たちの研究の深さと努力（4）

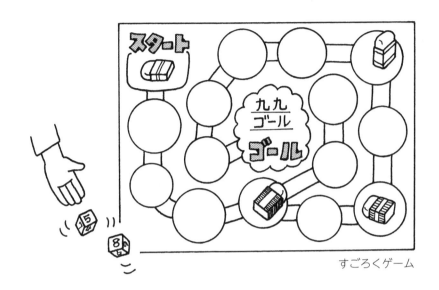

すごろくゲーム

円のところにかけ算九九や九九の答え，
かけ算のブロックを書きます。
4人1組で行います。自分の消しゴムを進んだ場所に置きます。

　九九習熟では楽しくやりたいと思い，すごろくのゲームを使って工夫しました。　また，3年の「わり算」の学習を見越して1つの数を2つのかけ算で考えるカードゲームも行いました。これらは先輩の先生たちの工夫を引き継いだものです。

　様々な工夫で子どもたちが意欲的に楽しく学べるよう考える，これが教師の仕事です。

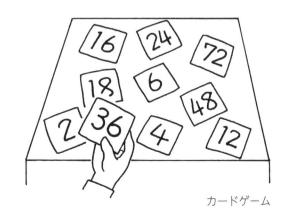

カードゲーム

　左のイラストは高学年の『こみ具合』の体験学習の様子です。教科書を使って数値だけで問題を考えるのではなく，マットを使ってこみ具合を実体験します。子どもたちは"こんでいる""すいている"を実感し，広さと乗っている人数に気付きます。

　単位あたり量（教科書では『単位量あたりの大きさ』）の学習では，こみ具合に加えて物質の密度を通して手ごたえでの学びを経験します。これは若い附属小学校の先生が研究会に参加して学んだことを授業に取り入れたものです。この授業で子どもたちは **TG(手ごたえ)** という自分たちの単位を考え出しました。

　教師自身が自分で「おもしろい・やってみたい」と思って授業することで，その思いが子どもにも伝わっていきます。いっぱい研究会に参加して自ら研鑽を積み重ねた成果だと思います。

研究会で学んだこと

教科書通りに教えるのではなく，自分のクラスの子どもに合うように練り直す

附属小学校の子どもたちを育てた先生たちの研究の深さと努力（6）

4　奈良教育大学附属小学校の研究と授業

　奈良教育大学附属小学校の授業は，深い教科の理念に基づいたすばらしい教材への飽くなき探求心，そして，それを如何に授業にしていくかという教師の熱い想いから生まれたものです。

　公立学校が"現代化""ゆとり教育"…と指導要領に右往左往させられていた時，教科の本質と子どもの発達認識に基づいた教科研究をされていた当校の実践を羨ましく思い研究会に参加していました。

おわりに

　授業とは子どもを知っている先生だからできる，子どもを知っている先生しかできないもの。だから，教科書通りに教えるのではなく，自分のクラスの子どもに合うように授業の練り直しが必要です。

　授業は料理と同じだと思います。体によい美味しい料理を作るように，教師の仕事はいい教材を使って目の前の子どもたちに"おいしいと思ってもらえる授業"を創っていくことだと考えています。

「社会科は暗記することが多くていやだ」を「社会科っておもしろい！」に変える

　「社会科は暗記することが多くていやだ」という声をよく耳にします。でも，社会科学の言葉をいくら覚えたって何の役に立つのでしょうか。附属小学校の社会科は，自分たちが生きている今がどうなっているのかを知り，これから自分はどうしていくべきかを考えるようにすすめています。

　子どもたちが社会の出来事を自分のこととして考えやすいように，子どもの分かり方にそって教えるための材料（教材）を選んでいることが最大の魅力です。だから，附属小学校の子どもたちは，「社会科っておもしろい！」と言います。

　一般的には，社会科は社会認識を育てる教科だと言われます。では，小学生に育てる社会認識とは何でしょうか。

　附属小学校では，①空間認識（地理的な認識），②時間認識（歴史的な認識），③生産労働認識（生産と労働の視点から社会の動きをとらえる認識），④人権意識（基本的な人権から社会をとらえる目を育てる意識）の４つを小学校で育てる社会認識の中身だと示しています。子どもたちの認識発達をふまえ，60年以上前から「社会認識の系統表」のプランを作成し，新たな社会科の授業づくり研究を続けています。

　では，その研究の成果の一端を具体的に紹介していきましょう。

カレーづくりの体験をもとに，家族の仕事を教える

　社会科の学習は3年生から始まります。でも，附属小学校では，1・2年生の生活科でも自然認識・社会認識の基礎を育てることを心がけています。

　たとえば，給食の人気メニューのカレーライス。ある時は，親子でのカレーづくりの体験をもとに，家族の仕事を教える教材として使っています。

　まず，食事づくりは，何よりも家族みんなが気持ちよく生活していくために必要な仕事であることを知ります。しかも，食事をいっしょにつくることで，食事づくりの技術（たとえばジャガイモの皮をきれいにむくなど）がいることを子どもたちは身をもって知ることになります。労働には専門性があることを教えていきます。

給食のカレーとそっくり同じカレーを自分たちの手でつくってみよう

生産労働認識につながる生活科の授業（2）

　またある時は，自分の生活と外の社会がつながっていることを体感できる教材として給食のカレーを教材にしていました。

　「給食のカレーとそっくり同じカレーを自分たちの手でつくってみませんか」という教師の呼びかけに子どもたちは応えていきます。そっくり同じカレーをつくるためには，材料をそろえなければなりません。まずは，給食の材料さがしから始まりました。

　そうすると，子どもたちはカレーの材料であるじゃがいもの生産者を突き止めていったのです。それは，北海道の厚沢部町でのメークインの生産者でした。カレーの材料をつくっている生産者と出会うことによって，子どもたちは見えない外の社会とつながっていきました。

折り紙遊びから，世界との距離の近さを感じる

　さらに，パキスタンのカレーをごちそうになったことをきっかけに，世界と日本とのつながりを見つけていった子どもたちの姿も見ました。

　クラスの友だちのパキスタン人のお父さんに，「パキスタンには折り紙がありますか？」と半信半疑で尋ねた子どもがいまいた。「アラビア船の折り紙をよくしていました」という意外な返答があり，クラスみんなでアラビア船をつくって遊びました。まさか遠く離れた外国に折り紙遊びが広がっているとは思いもよらず，子どもたちは世界との距離の近さを感じていました。

　すると，「先生，パキスタン以外の国には折り紙はないの？」と，子どもの新たな問いが生まれてきます。

自分のくらしとつないで, 遊びの中から問いをつくる

　シンガポール在住の中国人，フランシス・オウさんが書いた『折り紙ハート』（布施知子監訳，筑摩書房）を持って登校してきた子どもがいました。さらに驚いたのは，「世界の国に折り紙があったら教えてほしい」と，オウさんに手紙を出して聞いたらしいのです。

　数日後，オウさんから手紙がきました。手紙の中には，ハートの折り紙があり，みんなでつくって遊びました。

　自分のくらしとつないで，遊びの中から問いをつくっているからおもしろいですね。しかも，教師も，子どもも，誰も答えを知らないのが魅力的です。

　カレーを教材にしていく過程で，教師が教材にどのような意味を持たせるかで値打ちが決まってきます。だから,同じカレーを教材にしても,子どもに何を学ばせようとするかで違いが生まれてくるのでしょう。

　3年生から理科と社会科が始まります。自然は，人間では動かしがたい法則があります。自然の法則を学ぶのが理科です。それに対して，社会科は，経済の仕組みや社会制度，法律など人間がつくり出したものを学びます。だから，社会科を学ぶ時には必ず人間が登場してくるのです。

　人間が見えやすい社会としては，子どもたちが暮らす地域は最適の場です。3・4年生は，地域に入り込んで，地域を知ることが社会を学ぶ一番のめあてになります。

　地域で生産される食べ物には，地域の特徴がよく現れています。地域の自然や地理的な条件から，生産者の考えが食べ物づくりに反映することも多いからでしょう。附属小学校では，地域にどっしりと根をおろし，悩みながらも地域でがんばって働いている人をとりあげています。

奈良漬けづくりを通して，働く人の姿から学ぶ

　奈良の特産品といえば，誰もが口にするほど有名なのが「奈良漬け」です。ぬか漬けをつくるのと同じように，酒かすに材料をつけて数日間ねかしておけばできあがるぐらいに考えられますが，実際にやってみても同じ味は出せません。手間ひまかけてつくっているからです。

　一口に奈良漬けと言っても，甘いものから辛いものまでさまざまです。食べ比べれば味のちがいはよく分かります。また，味のちがいは作り方のちがいでもあります。こうしたちがいがなぜ生まれたのかを一つひとつ解き明かしていけば，奈良の地で奈良漬けづくりをしている生産労働者の姿がうきぼりになってくると考えて，附属小学校の先生方は授業をされています。

　また，小学生のうちに一度は育てて食べる体験をさせてやりたいと思います。そうすると，農業とは何をどうする仕事なのかが分かります。しかも，育てて収穫したおいしい農作物を食べたときの喜びを肌で感じることもできます。手間ひまかかる学習ですが，附属小学校では，農業を学ぶうえでの基本になると考えて取り組まれています。

　「米づくりをするなら田んぼを貸してあげると農家の人から連絡があったんだけど，みんなはどうする？」

　そう呼びかけ，子どもたちの中に目標が生まれるまで，焦らずじっくりと話し合っています。子どもたちの関心は，農作物がとれた後にどうやって食べるかに集中しました。「おいしいおもちが食べたい」という意見から，ぐっと子どもたちの気持ちが傾いていきました。

カツオの漁獲量は
なぜ減ったのだろうか

　かつお節で有名なカツオは，昔から庶民の食べ物として親しまれてきました。黒潮にのって北上したカツオは，成長して大きくなり，秋に南へと戻っていきます。戻ってきたカツオは，脂がのっていて美味しいものです。

　近ごろカツオの漁獲量が減り，値段が高くなってきています。今までにカツオをとりすぎたわけではないはずです。最近，黒潮にのって太平洋を北上する前に，フィリピン沖でカツオの幼魚がさかんにとられるようになったからです。フィリピン沖のカツオはタイで缶詰にされ，欧米向けに輸出されていると言います。

　ふだん何気なく食べているものの裏側で何が起こっているかに注目させれば，現代社会の課題と向き合い，小学校5年生なりに考えるきっかけをつくることができます。

　附属小学校の先生方は，社会がかかえる問題の前に子どもたちを立たせたいと考えて授業に取り組まれています。だれもが，「そうかなあ」という思いをもち，追究せざるをえないような切実な問いを子どもの中に育てることをめざした授業の取り組みです。

　たとえば，和歌山県那智勝浦町へ出かけ，子どもたちが実際に見たこと・聞いたことをもとにした水産業の学習が展開されてきました。

　子どもたちが勝浦で見た漁業の裏側で，すでに日本の漁業は大きな曲がり角をむかえています。日本の漁業の何がどう変わろうとしているのでしょうか。それは，「漁業者数の移り変わり」を見れば一目瞭然です。漁業者数が年々減っていることはすぐに分かります。

　子どもたちの頭の中には，「漁業をする人がいなくなるのでは…」という考えが浮かんできます。そこで教師からの問いかけです。

　「いつの日か，漁師さんに会えなくなる日がやってくるかもしれません。この先，日本の漁業は生き残れるでしょうか？」

　子どもたちは，友だちの意見を聞いて迷い，自分の考えを深めていきます。

　話し合いの中で出てきた日本の漁業がかかえる課題について，自分なりの解決策をまとめて交流させていきます。子どもたちの思考の流れを追いかけてみると社会のとらえ方の変化を知ることができます。

　それぞれの時代を特徴づける食べ物を教材にすれば，当時の人びとのくらしがわかり，社会の特徴やしくみにふれることができます。さらに，食べ物を教材にして学習をつないでいけば，歴史が進歩・発展していることを小学生にも具体的につかませることもできます。

　室町時代の人びとの食事を例にしてみましょう。

　室町時代の人びとのくらしの豊かさは，食事を見ればよくわかります。特徴的なのは，かまぼこ・もち・豆腐・そうめんなど，加工した食品を広く食べていたことです。それは，現在の私たちの食事にかなり近いものです。

　中世の人びとのこのような食事を可能にしたのは，農業生産の発展と商品流通の広がりでした。その結果，自給自足中心の生活から商品流通を前提にしたくらしへの転換が起こってきます。そして，一部の支配層のみが享受していた食べ物が，庶民層にも，地方諸国にも広がっていったのです。

江戸の人びとを救った
さつまいも

　では，江戸時代はどうでしょうか。

　さつまいもは，子どもに好んで食べられており，いつも子どもの手の届くところにあります。それだけに，さつまいもの歴史をたどると，子どもにとっては意外な事実が目の前にあらわれてきます。

　一つめは，サツマイモが中南米の熱帯アメリカから1600年前後に日本に伝わってきたことです。

　さつまいもが江戸に伝わってくるまでのルートを逆にたどらせることで，日本の歴史が世界の動きとつながっていることを子どもたちに実感させます。

　二つめは，さつまいもが江戸の人びとを救ったことです。江戸時代半ばに，全国で1万人以上が餓死するという享保の大飢饉が起こりました。しかし，西日本を中心に甚大な被害を出した大飢饉であったにもかかわらず，サツマイモ栽培をしていた村々は餓死者をほとんど出さなかったと伝えられています。この後，幕府の政策として，サツマイモの栽培が奨励されるようになり，飢饉に備える作物として，サツマイモ栽培が急速に各地に広がっていきました。

　しかし，江戸の人びとにとって未知の食べ物であったサツマイモの栽培が定着するにはいくつかの困難がありました。それを乗り越えて，さつまいもは飢饉から人びとを救うことになります。

　授業では，「サツマイモは寒さに弱い植物なので，江戸での栽培は思うようにいきませんでした。さらに，寒さに加えて，サツマイモ栽培をむずかしくした原因がありました。何だと思いますか？」と，クイズ形式で問い，次のような選択肢を示します。

　① さつまいもに「毒がある」と信じられていたから。

　② 農民たちがさつまいもの栽培に反対したから。

　③ さつまいも栽培に反対する学者がいたから。

　④ さつまいもの種いもを腐らせてしまったから。

　⑤ さつまいもの植え方を知らなかったから。

　⑥ さつまいもの苗を植える時期を知らなかったから。

　⑦ さつまいもがイノシシに食べられたから。

　答えは，①～⑦のすべてがサツマイモ栽培をむずかしくした原因でした。

さつまいもの普及で豊かになった江戸の人びとの食生活

　三つめは，さつまいもが江戸の人びとに受け入れられるようになってから，江戸の人びとの食生活が豊かになったことです。

　さつまいもが，庶民のおやつとして普及したのは，1800年のころで，はじめは蒸して食べていました。しかし，はじめて「八里半」という行灯の看板を出し，素焼きの浅い土鍋で焼いたさつまいもを売り出した店があらわれます。行灯の看板に「八里半」と書かれたのは，栗（九里）の味に近いという意味でした。また，「○焼」と書くこともあり，これは「丸いもの焼き」と書いて「いも焼き」と表していました。

　焼芋は，いつしか「江戸中の町家のある土地には，冬になれば焼芋店がないところはない」といわれるぐらい盛んに商われていきます。

子ども自身が問いをもち，その問いを楽しく追究できる方法を考える

さまざまな学ばせ方を工夫している附属小学校の授業（1）

　附属小学校で育てようとしている特長的な「社会的な見方・考え方」として，生産と労働の視点から社会の動きをとらえることがあげられます。生産と労働は，人間のくらしを支え，さまざまな産業を起こし，歴史を発展させる原動力であることを子どもたちに具体的に教えてくれると考えているからです。

　低学年から，新しいものを生み出す労働の値うちを教えることで，人間のもっている力のすばらしさや人間を肯定的に見る見方が育つと考えています。

　附属小学校では，子どもが活躍する社会科の授業をつくるために2つのことを重視しています。

　一つは，子ども自身が問いをもつことです。しかし，問いができても，問いを解く道筋が保障されたわけではありません。そこで，もう一つのポイントは，子どもが問いを楽しく追究できる方法を授業の中に意識的に取り入れることです。この二つが両輪となって働いてこそ，子どもにとっての楽しくわかる授業ができると考えています。

　学ばせ方を工夫している附属小学校の授業の一例として，4年生の「大和高原の茶づくり」の実践があります。P69の「体験学習」で詳しく説明しています。

第2時

平氏による政治の始まり

本時の目標：12世紀に入ると，源氏を倒し朝廷の実権を握った平氏が，政治を行うようになったことを理解する。

板書例

㋰ 武士はどのように力をつけていったのだろう。

1 〈勢力を伸ばした武士〉

イラストから武士の役割を考える

武士団

領地を守ってくれそうな武士を
中心にまとまる

〈平氏〉　　　　〈源氏〉
西日本の　　　　東日本の
武士中心　　　　武士中心

2 〈源氏と平氏〉

朝廷や貴族の争いに加わる

（保元・平治の乱）
平治の乱で平氏(清盛中心)が
勝つ。

イラストから源氏と平氏の
戦いのようすを知る

POINT　調べ学習では，児童が調べっぱなしになっていることがある。調べたことをきちんとまとめる活動も重要視したい。

**1　武士はどのようにして力を
　　つけていったのだろう。**

児童プリント QR を配る。

T　前の時間に，地方では武士が現れてきたことを
　学習しました。では，プリントのイラストの武士
　たちは何をしているのでしょうか。
C　他に貴族の服を着た人がいるよ。貴族の警備を
　しているのかな。
T　武士の中には，朝廷や貴族に仕えて力をつけてい
　く者も現れました。また，一族の武士を束ねるかし
　ら（棟梁）を中心に武士団をつくりました。特
　に勢力を伸ばした武士団を教科書で調べましょう。
C　源氏と平氏です。
C　源氏は東国（東日本），平氏は西国（西日本）で
　勢力を伸ばしました。

**2　源氏と平氏の争いについて
　　想像してみよう。**

T　やがて源氏と平氏は争いを始めます。その理由
　を教科書で調べましょう。
C　朝廷や貴族の，政治の実権をめぐる争いに巻き
　込まれたから戦った。
T　プリントを見て，源氏と平氏が争った保元・平
　治の乱はどのような戦いだったと思いますか。
C　屋敷を燃やしている。
C　馬に乗った武士たちが大勢で戦っている。
C　長い刀みたいなものに首が刺してある。
C　きっとすごく激しい戦い方だったんだね。
T　勝ったのは，どちらだったでしょう。
C　平氏。
T　そうです。平清盛を中心とした平氏が勝ちまし
　た。その後，平氏は貴族の藤原氏に代わって政治
　を行うようになりました。

116

| 準備物 | ・画像「貴族の警護」「三条殿夜討絵巻」「太政大臣清盛」「日宋貿易」「安徳帝」QR
・児童プリント QR | ICT | イラストもとに，平清盛がどのように力をつけたのかを児童に予想させる。児童にイラストを送信しておくと，詳しく見ながら自由に話し合うことができる。 |

3,4 〈強い力をもつ平氏〉

平清盛が朝廷の高い位につく

平氏一族が朝廷の中で重い役につく

〔清盛の政治〕

・1179年　中国（宋）と貿易を始める

・神戸に港を開く

・むすめを天皇のきさきにし，孫を天皇にする

自分たちに反対する人たちを厳しく処ばつ

↓

貴族や他の武士たちは，不満

3 平氏の繁栄の様子を調べよう。

T　平氏による政治はどのようなものだったのでしょうか。教科書を見て調べましょう。

C　清盛は太政大臣になっているよ。

C　平氏一族が朝廷の位を独占した。

C　娘を天皇のきさきにして，産まれた子を天皇にした（安徳天皇）。

C　朝廷では強い力を持っていたのだろうね。

T　他にも，都を福原（神戸）に移したり，神戸港を開いて日宋貿易を行ったりしました。広島県にある世界遺産の厳島神社は，平氏が（守り）神をまつり，海上交通の安全を祈ったと言われています。

C　貿易で富を蓄えたのかな。

C　都を移したり，港をつくるなんて，すごい権力を持っていたんだね。

4 平氏の政治について人々がどう思っていたかを話し合おう。

T　娘を天皇のきさきにして孫を天皇にしたり，朝廷の位を独占したり…，誰かの政治に似ていますね？

C　藤原氏の政治だ！

C　藤原道長は，世の中は全部自分の思い通りだっていう歌を詠んでいた。

T　「平氏にあらずんば，人にあらず」という言葉があります。当時の平氏の繁栄を表した言葉です。貴族や他の武士たちは，平氏の政治をどう思っていたでしょうか。

C　今まで政治をしていた貴族は不満だっただろうね。

C　平氏ばかりが栄えたら，他の武士も面白くないだろうな。

C　平氏の政治に反対する人はいなかったのかな。

T　朝廷の実権を握った平氏は，自分たちに反対する人たちを厳しく処罰したりするなどしました。

クイズ　1万円は何円でつくられているだろうか

「地域に入り，地域を知る」お金の話

（1）「地域に入り，地域を知る」　お金の話

　自然の法則を学ぶのが理科なら，人間がつくりだしたものを学ぶのが社会科です。その例として，1万円札の話をしています。

　「1万円は何円でつくられているでしょうか？」

　製造にかかる費用としては，紙代・機械の減価償却費・インク代などがかかります。それを確認してから予想させます。すると，5000円ぐらい，1000円ぐらい，100円ぐらいとさまざまな考えが出てきます。実際は，「1万円札が25.5円，5000円札が19.5円，1000円札が10.4円程度」だとネット上には出ていました。（2023年2月7日現在）1円玉の製造コストだけが3円以上かかります。

　「なぜ，25円程度でつくられるお札が1万円として使えるのでしょうか？」

　そう問いかけると，「つくられたお札を1万円と決めているから」と子どもたちは返答します。さらに，「誰が決めているのですか？」と追究すると，「人が決めている」となります。

　「そう，人が決めているのですね。こうして人が決めていること，人がつくりだしていることを勉強するのが社会です」とまとめます。そして，「他に，人が決めている，人がつくりだしているものを知りませんか？」と話を広げていきます。

製造にかかる費用

25.5円

19.5円

10.4円

※時期によって，値段は変動します。

（2）「1年かけて農業を学ぶ」 総合的な学習（4年）

1年の農業学習の経過です。

① 活動の目標づくりをじっくりと…田んぼにもち米を植えて，もちをつくろう（4月）

② もみまき・苗代づくり（5月1日）

③ 田植え（6月16日）

④ 草取り（7月17日）

⑤ イネを観察（8月26日）

⑥ 丸尾池（ため池）見学とイネの観察（9月18日）

⑦ 稲刈り（10月20日）

⑧ くらしの中の稲さがし（11月19日）

⑨ おもちをつくる会（11月29日）

⑩ しめ縄づくりの会（12月1日）

⑪ 支援学級との餅つき交流会（1月）

⑫ 農業体験を絵で表現する全校美術展（2月）

⑬ 保護者向けの「ぼくらのもちづくり発表会」（3月）

（3）サツマイモの伝わり方

「江戸の人たちにさつまいもと呼ばれたイモはどこから伝わったで
しょう」

　・薩摩（鹿児島）から

「そうです。薩摩から伝わりました。では，薩摩の人たちは，さつま
いものことを何と呼んでいたでしょう」

　・いも

「薩摩では琉球いもと呼びました。それは，琉球（沖縄）から伝わっ
たイモだからです。では，琉球の人たちは何と呼んだでしょう」

　・アジアいも？

「琉球の人たちは唐<ruby>唐<rt>から</rt></ruby>いもと呼びました。それは，唐（今の中国）から
伝わったイモだからです。では，唐（中国）にはどこから伝わった
でしょう」

　・わからない…。

「フィリピンからです。フィリピンはどこから…… と辿っていくと，
さつまいもの原産地に辿り着きま
す。さて，どこだと思いますか。
調べてみましょう」

　・熱帯アメリカ（中南米）だ。

※「　」は教師の発問，
　・は問いに答える子どもの発言です。

（4）体験型の授業の概要

①5年　漁業の町・勝浦に日本の漁業の姿をみる

　附属小学校では，毎年のように和歌山県那智勝浦町へ5年生の水産業の学習に出かけています。5月下旬頃です。

　見学前，日本の漁業に対してどう思うかを子どもたちにたずねたところ，一様に漁業国・日本のすばらしさを語っていました。そこで，漁業の町・勝浦から見える日本の漁業のよさを見つけることを課題にして出発しました。

マグロをとっていた清岡さんの話を聞いて（児童A）

　「漁師をやっていて，いいことは何ですか」という質問に，お金のもうけがいい，魚を食べられる，外地のいろんなところが見られると答えが返ってきた。わたしは，（漁師はいいところもあるが，絶対悪いこともある。病気をしたり，死んだり，手や首をおる人もいるしなあ）と思った。

沿岸・沖合漁業をしているおじさんへの聞き取り（児童 B）

　勝浦の町へ行くと，海のところにおじさんがいた。おじさんはえさになる魚を適当な大きさにしていた。おじさんは沖合漁業をしている人で，よいところを聞くと，「ない」ときっぱり言っていた。魚をつる針は百二十本もあるそうだ。

勝浦の魚市場を見学して（児童 C）

　わたしが少し海を見ている間に，クロマグロを連れていって，東京(中)とか書いて，木の箱に入ってトラックにつまれるところでした。(すごいなあ。こんな早くからよく来るなあ) と思いました。だって，勝浦の魚市場は，日本全国に送っているらしいので，びっくりしました。

養しょく業　対　さいばい漁業（児童D）

　ホテルの前の養しょく場へ行くと，ティラピアとアワビとイセエビとサザエの養しょくをしていた。ティラピアは大きく，エサをまくとすぐにとびついた。こんなに大きく育ててすごいなあと思った。栽培センターに，マダイとヒラメのたまごがたくさんあって，となりに一万びき以上のヒラメの子どもがひらひらしていて，エサをまくとへばりついているのが上にあがって，エサを食べた。（中略）外に動物性プランクトンをかっていた。たいへんそうに思えた。

　そのほか，一匹のマグロ解体まで見せてもらえて，子どもたちは大喜びです。

　見学からもどってから，それぞれが見つけた勝浦の漁業の姿を交流して確かめました。それに合わせて，海流や大陸棚を生かした魚の捕り方，漁港全体の中での勝浦漁港の位置など，日本の漁業全体へと視野を広げていきます。

② ４年　川上村の林業

見学で使ったしおりをもとに書きました。

□目的地：奈良県吉野郡川上村白川渡

□めあて：川上村で，吉野杉を育てる仕事を学ぶ

　○川上村の土地の様子を知る。

　○実際の杉山を歩き，本物の吉野杉を見学する。

　○川上村森林組合の方のお話を聞いて学ぶ。

　　・道具も見て，木を育てるためにどんな仕事がある

　　　のかを知る。

　　・川上村の林業のみ力やかかえる問題を知る。

日程　１０月下旬ごろ　午前８時３０分　出発

付属小学校 → 天理インター（名阪国道）→ 福住（大和高

原広域農道）→ 吐山（国道 369 号線）→ 榛原バイパス

→ 篠楽（国道 370 号線）→ 野依 → 大宇陀 道の駅（臨時

トイレ休憩）→ 新子 → 大滝（国道 169 号線）→ 迫

午前 11 時	川上村白川渡：バスをおりる
午前 11 時 20 分	吉野杉の林を歩く

・木を育てる時に使う機械を見ながら，どんな
　仕事があるのか話を聞く
・質問に答えていただく
・付近をグループで観察　杉林のスケッチ

午後 12 時 30 分	昼食
午後 1 時 20 分	現地出発
午後 1 時 30 分	バスに乗車
午後 4 時ごろ	奈良教育大学正門で下車

○学習内容

◆バスから見てほしいこと

　奈良盆地の全体のけしき，大和高原の地形，竜門山地の山，吉野川の流れと吉野山地の山，川上村の家，Ｖ字谷と大滝ダムのようす

○見学のポイント

◆吉野杉が生えている山を歩こう

　・山を歩いてどうでしたか？
　　（しゃ面のきつさ，足下の様子，
　　　土の様子など）

◆吉野杉を見上げてみよう（下記のワークシートに，林業の人から聞き取ったことを書きましょう。）

　どんなふうに生えているかな。高さは何メートルあるでしょう。太さはどうかな。みんなで手をつないでみるといいね。メジャーでもはかれます。

　（　　　　　　）年の吉野杉は，太さが（　　　　　　）m　ありました。

◆杉とひのきのちがいを調べよう

　葉と木の皮のちがいに気づくと，かんたんにくべつできるよ。

◆吉野杉……どんな木がよい木か？

　☆よい木は次のような条件をみたしていると言われています。

　　① 真円（まんまる）

　　② 通直（まっすぐ）

　　③ 本末同大（上も下も同じような太さ）

　　④ 色沢良好（色が美しい）

　・木のねだんは，（　　　　　　　　　）の細かさと幅のそろい方で決まります。

いい木が育つ川上村の人たちのくらしと仕事を知る

附属小学校の体験型の授業 2 林業の村・川上村での1日（4）

◆いい木が育つ川上村はどんなところでしょうか

①どんな気候でしょう

○ 降水量：１年間に雨はどれだけふるのでしょうか？

○ 奈良市とくらべて，気温はどうでしょうか？

②地形はどんな様子でしょうか

○ どんな所に家があるかな？

○ 田んぼや畑はあるでしょうか？

○ 家は多いでしょうか？（何人住んでいるのでしょうか？）

◆吉野杉を育てる仕事を知ろう・・・木を育てる仕事にはどんな道具を使うのでしょうか？

① 植林（しょくりん）のとき

② 下草（したくさ）かりのとき

③ 間伐（かんばつ）のとき

④ 枝打ち（えだうち）のとき

⑤ つる切りのとき

⑥ 伐採（ばっさい）のとき

⑦ 運び出すとき

◆吉野杉を育てる仕事で困っておられることは…

① 仕事の中身で

② 働き手のことで

バスに乗って
大和高原まで出かける

③ 4年　大和高原の茶づくり

　附属小学校では，春の遠足を兼ねて，バスに乗って大和高原まで出かけています。課題としては，生産活動の中に人間の知恵があることを感じさせることをあげています。そのうえで，地域の茶づくりの課題をどのように分からせるかを設定しています。

【指導計画　全12時間】

第1時　　くらしの中の茶

第2時　　見学
　〜　　見学計画，茶畑・茶工場・広域流通センターの見学，
第5時　　見学作文

第6時　　大和高原で茶づくりがさかんなわけ
　〜　　　一自然とつないで
第7時

第8時　　おいしいお茶にするために
　〜　　　1年間の世話，茶工場のはたらき，昔の茶づくり
第10時

第11時　　茶が消費者にとどくまで

第12時　　茶づくりの問題点

生葉・蒸した葉・蒸して揉んだ葉を比べる

　実践の展開は，くらしの中でどんな時にお茶を飲んでいるかを振り返ることから始まります。そして，お茶の葉を見て疑問に思ったことを出させます。子どもたちは疑問を持って，茶畑や茶工場への見学に向かいます。

　見学して見たこと・聞いたこと・感じたことをふまえて，大和高原の自然環境が茶づくりに適していることを学んだ後，飲用のおいしいお茶がつくられる秘密について考える授業が設定されています。子どもたちは，生葉・蒸した葉，蒸して揉んだ葉にお湯を入れ，お茶の味・香り・色がどのように出てくるのかを実際に試します。そのうえで，お茶の味・香り・色を引き出すためには，工場での揉む工程が決定的に重要であることをつかんでいきました。「揉む」という生産労働の追体験を通して，生産労働の意味を実感させることにつながりました。

　算数科では，どんな力をつけるのかいろいろなことがいわれている。思考力をのばすとか日常生活に生かすとか。それは，○○ができるとか○○がわかるとかではなく，もう少し根本的なところ，子どもたちの数や量の認識発達を促すということがまず大切だと考えている。

　〈例〉　24 という数について考えてみる。

　1 年生の 3 学期に子どもたちに 24 という数をどうとらえているかさぐるために，24 の絵を描きましょう，とたずねる。

　すると，次のような絵を描く。

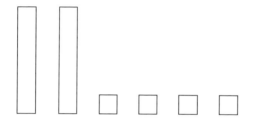

　1 年生は，10 のかたまりを大切にするからこのような 10 のかたまりや 1 のかたまりがある絵を描く。

　2 年生に同じことをたずねると次のような絵を描く。

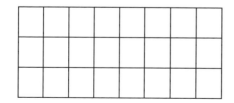

3×8

　同じように 8×3，6×4，4×6　ととらえる。もちろん 1 年生で学習した 10 が 2 本と 1 が 4 こというとらえ方もでてくる。

さらに４年生以降になると 12 × 2 や 48 × 0.5，2.5 × 9.6 というとらえもできて，九九の範囲を越えたり，小数が使えることにびっくりする。このように数の見方（数の認識）が広がっていく。

１年生の初期は，２＋３や３＋４の答えを知っていても，「１こあめを持っています。２こもらうと全部で何こになりますか」と問うと，答えてくれない児童もいる。言葉や文章から場面をイメージして，それが１＋２のたし算の場面であると認識できることが必要である。そのため，時間をかけてどんな場面なのか学習する必要がある。

場面理解ができないのは，数という記号（抽象）を教えるのを急ぎすぎると，答えを出すことはできるけれど，その意味が分からなくなるからである。小学生の場合は，具体的な場面をもとにイメージを作って，抽象につなげること，そして，抽象したものをまた，具体に戻すという双方向の関係を学習活動の中で組織する必要があると考える。

以上のことをふまえて，４年生で学習する面積を例にして述べていく。

広さの世界から面積へ

子どもの日常の感動を算数の世界にのせる

　私たちは，広さというと面積のことをイメージするが，子どもたちは，広さを面積とはすぐにイメージしない。例えば，道幅などは次のようにとらえる。

　「大宮通り」は「やすらぎの道」より広い。

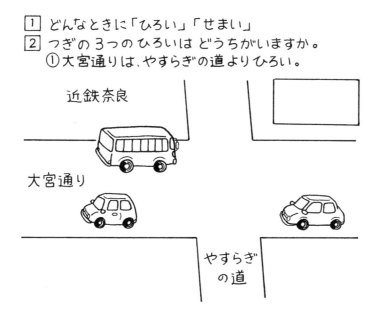

　子どもたちは，広さを長さの世界でとらえていることが面積の学習の最初によくみられる。授業では，まず，広さを長さの世界から面積の世界に導く必要がある。授業とは，子どもたちのとらえ方を高めてやることだと考える。

　次に，面積は公式を覚えればいいという子もいる。長方形は（たて）×（横），三角形は（底辺）×（高さ）÷2ということを覚えてここに数をあてはめると答えが出ると思っている。なぜ，こんな式になるのかを学習させる必要がある。授業ではこのあたりも追究していく。

　下の図について，広さがあるものはどれかを選ばせて理由を発表させると，次のように子どもたちは考える。

けいさん　　「⑥は，出口を閉じると広さがあります」
けんじくん　「そんなふうに考えると，切れている②だって広さがあることになるので⑥は広さがない」

と子どもたちは自分の意見を述べる。

広さについて
次の形の中で広さがあると思う形に〇
ないと思う形に✕をつけましょう。

① ② ③
④ ⑤ ⑥

　そこで，針金で作った図のような形に石鹸膜がはれるかをみんなで試してみる。

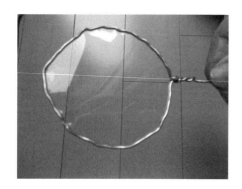 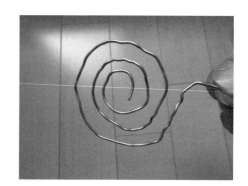

　このような活動をすると，石鹸膜のあるところには広さがあるととらえだす。だから，「どんなところに広さがありますか」とたずねると，

　　みささん　「囲まれたところに長さがある」
　　ゆうくん　「ひとつながりになっているところに広さがあります」

と発言する。何人かの子どもたちがこの発言を支持する。
　しかし，この段階で広さとまわりの長さは分離していない。当然子どもたちは長さの世界にいるからである。
　ここから子どもたちに，周りの長さで広さは比べられない場合があることを学習させていく。

周りの長さが長い方が広いのではない

「周りの長さが違っても面積は同じ」を等積変形で学習する

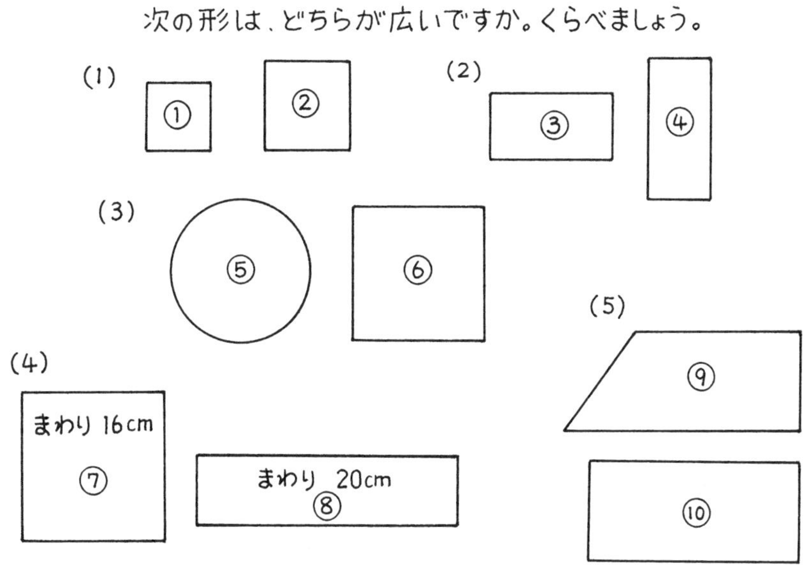

次の形は、どちらが広いですか。くらべましょう。

(1) ① ②

(2) ③ ④

(3) ⑤ ⑥

(4) まわり16cm ⑦　まわり 20cm ⑧

(5) ⑨ ⑩

　上の図から，（1）や（2）は周りの辺の長さが長い方が広さは大きくなるととらえて②や④を選ぶ。それは，子どもたちは，長さが長くなればなるほど広さは大きくなるという比例感覚を持っているからである。

　ところが，（4）を見ると一見⑧が広く感じるし，まわりも16cmより20cmと長い。そこで切って重ねてみると同じになる。このことに子どもたちは違和感を持つ。（5）でも同じことが起きている。そして，周りの長さで広さの大きさ比べはできないことがあるとまとめるが，まだまだ，みんなは納得できない。4年生で面積を求めるため計算しているうちに，少しずつとらえ方が進んでくるかもしれない。「周りの長さが違っても面積は同じ」がしっかり分かるのは，5年生の平行四辺形の学習の時期である。形は違っても面積は同じ（等積変形）を知ることで本格的に理解が深まる。等積変形というのは，公式を見つけるだけでなくこのように周りの長さと広さの関係を把握する意味も持っている。

日常感覚からの飛躍

　このように，面積という意味は，大人には自明であるが，子どもたちのとらえ方とは大きなずれがある。だから，単に面積の計算ができて答えがあっているだけでは意味がないのである。

　広さを取り出して，その広さは周りの長さとは関係がないことをとらえさせることにある。「長さ」すなわち，1次元の世界から「面積」2次元の世界への飛躍であり，この4年生の面積の学習は，2次元の世界の出会いと位置付けて学習をすすめてきた。このような考え方は，5年生の体積の学習でも出てくる。これは，3次元の世界である。ものの大きさ，すなわち「体積」を子どもたちはものの重さとなかなか分離できない。体積が大きければものの重さも重くなるという比例感覚があるからである。算数・数学では，日常感覚からの飛躍が要求されるので子どもたちは難しいと感じる。そこを授業で取り上げて認識の飛躍を促す取り組みが授業の中で必要である。

陣地取りゲームで長さ×長さを体感しよう

　児童は「こちらの方が広い」，「こっちがせまい」などと，「広さ」という言葉を日常用語として使っている。日常用語の「広さ」の概念を計算できる「面積」の概念として高めるのが，4年生の面積学習である。

　まず，はじめに陣地取りゲームをする。

　0，1，2，3，4，5の数を書いたサイコロを2つずつ用意する。赤い数字のあるサイコロの数はたての目もり，黒の数字のあるサイコロは横の目もりをあらわす。そして，色鉛筆で長方形をかいて面積を求めるというルールにする。

　すると，面積を求めると普通はマスの個数を数える。ところが，誰かが，「かけ算で出来る」と気づきだす。

　れんくん　　「赤い長方形なら，たては2マスで横は4マスで2×4
　　　　　　　＝8で8マスになるよ」

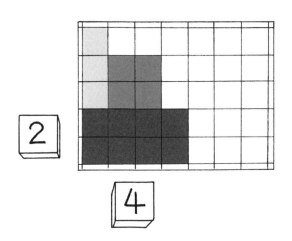

　この発言がきっかけになって，かけ算で答えを出す子が出てくる。しかし，何をやっているかわからない子たちもいる。

　ここで，世界共通の単位 cm² を教える。そして，1cm² の形を学習する。

　子どもたちはいろいろな1cm²を作って楽しむ。1人の児童がおもしろい1cm²の図を描いてみんなの前で発表する。その発表を聞いて，他の児童もどのように1cm²を作ればよいかというやり方がわかってくる。そして，自分の頭の中でいろんな1cm²の図を構成し始める。そして，ぼくも私ももっと見つけたいと言って大人もびっくりする1cm²を描いてくれる。

　このように，単に1cm²を子どもたちに伝えるだけでなく，考える活動を常に意識させていきたい。

1cm²の面積を いろいろな 形にかえて ぬりましょう。

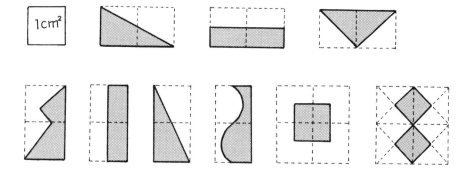

　このあと，動物の足型の面積を計算で求める学習をしていく。子ども
たちは，１cm²を学習したので，下のように動物の足型の面積を比較
的に簡単に求めることができる。

① まず，動物の足型の上にブロックを並べてその個数を数える。

② 方眼シートをかけて，たてのブロックの個数×横のブロックの個
　数で面積を求める。

　（この動物の足型はヒグマを使った。）

ヒグマの足型の面積の求め方を考える（2）

底面の広さが 1 cm² の算数ブロックを並べて考える

① ヒグマの足型の上に，底面の広さが 1 cm² のブロックを並べる。面積を測りやすくするため大きさを縮小している。

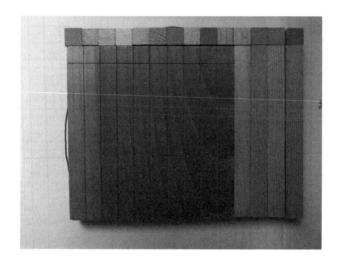

この段階でかけ算で個数を求める子もいる。完全にブロックをしきつめることはできないけれど，ここは大体の数値としておく。

② 方眼シートをかけることでかけ算で個数が求められるようにする。ここでは，方眼シートにきっちり合うように求める面積を線で囲む。

こうして，個数をかけ算で求めることを理解させた後，方眼紙シートがないときはどうするか，みんなで考えさせる。

しょうくん　「ものさしで測って方眼をかいて，個数をかけ算で求めたらよい」

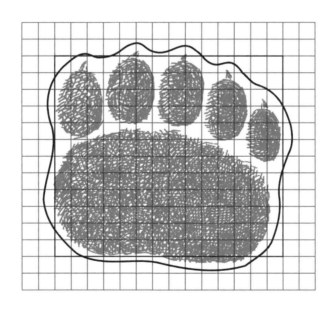

　ここからいよいよ個数×個数から，長さ×長さへと子どもたちのとらえ方を一段階高める。

　この長方形の面積を求める。

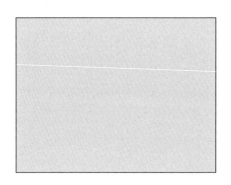

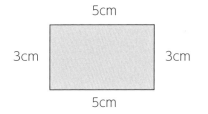

ゆみさん「3×5で15cm²になる」

ひなさん「まわりの長さを測りました。すると，3cm×5cmで15になります」

　まだまだ，面積と周りの長さとが分離ができていない。

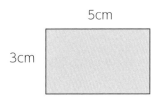

まりさん「周りの長さというより，たてと横の長さをかけるだけでいいのとちがう。」

　このように，集団で話し合うことで，個数×個数からたての長さ×横の長さへと少しずつ考えが進んでくる。

また，このような問題を出すと大体はかけ算とたし算で求める。

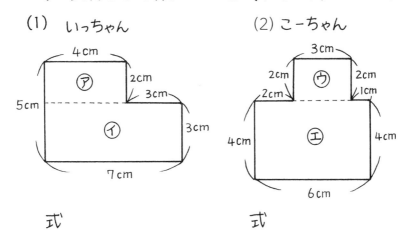

面積ゲームの勝ち負け

いっちゃんとこーちゃんのじん地、それぞれ何cm²でしょう。

(1) いっちゃん

(2) こーちゃん

式

式

例えば，（1）なら，

$2 \times 4 = 8$　$3 \times 7 = 21$

$8 + 21 = 29$

このように，全体から引いて面積を求めるという思考にはなりにくい。

$5 \times 7 = 35$　$2 \times 3 = 6$　$35 - 6 = 29$

2×3 のところには面積はないので，子どもたちは，ひき算で最初は求めない。この時期の子どもたちは，「目の前にあるもので物事を解決する。ないものはない」と考える。だから，これから高学年に向けて，「面積があると考えて」という思考を促していく。

本当に面積と長さは，関係があるのだろうか

活動を通して，長さ×長さを実感する

さて，これまで，個数の積から長さの積へと学習を進めたが，本当に面積と長さは，関係があるのだろうか。

よしくん　「僕は，この学習をする前から，長方形や正方形の面積を求めるのは，（たて）×（横）と公式を覚えていて，答えが合っていたからそれでいいと思っていた」

まさおくん　「長さ＋長さ＝長さは理解できるが，長さ×長さ＝面積ってちょっと信じられない。同じものをかけてちがうものが出るのが不思議な感じがする」

この子たちは，もうすでに面積の求め方はたくさん練習しているし，難しい問題も解いてきた子たちだが，ここで，公式の意味を考え出そうとしてきた。

そこで，面積から長さを求める活動をして，やはり，面積は長さ×長さになっていることを確かめる。

このような教具を作る。

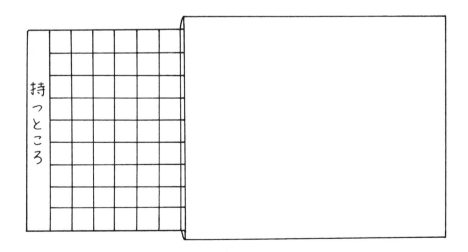

持っところ

面積からわり算で長さを求める（1）

教具を使って，面積から長さを求める

　まだ4年生で，長さ×長さ＝面積が面積÷長さ＝長さ　という逆になっていること（可逆思考）は難しいけれども，ここでは，式からではなく，自作の教具を使って実際に長さを求められるという結果から，面積は，長さが構成要素になっていることをつかませたい。

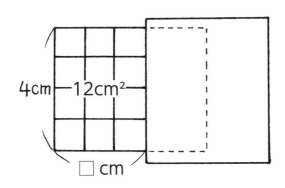

$$4\,cm \times \square\,cm = 12\,cm^2$$

　面積は，12cm²あります。たての長さは4cmです。さて，横の長さは何cmですか。

まことくん　「見るとわかります。3cmになります」
さちほさん　「4×□＝12だから，3cmになります」

　この段階では，かけ算から横の長さを求めることが普通である。

面積からわり算で長さを求める（2）

言葉の式で，面積から長さを求める

「では，次の問題です。答えが6cmの長さになるには，どんな式ができますか」

ここでは，なかなかわり算とは気づかないが，わかっている数値から考えさせる。54cm²と9cmだから，54÷9＝6を導く。

子どもたちは，まだ，はっきりしないので，他の数値で確かめる。概念をはっきりさせるためには，複数回思考させる必要がある。

72cm²や108cm²などのときを確かめさせる。そして，言葉の式でまとめる。

54 cm² ÷ 9cm ＝ 6 cm

72 cm² ÷ 9cm ＝ 8 cm

108cm² ÷ 9cm ＝12cm

だから，面積÷たての長さ＝横の長さとなって，面積を長さでわると長さが求められることを学習する。かけ算やわり算を使うことで面積が求まったり，長さが求まったりする可逆思考をつけていく。

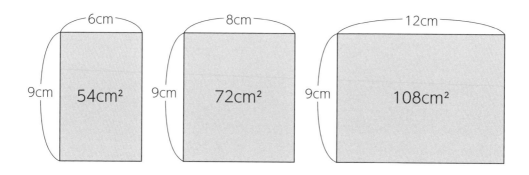

小数×整数の世界へ
学びを広げる

たてが小数になっても面積はある

　最後に，長さが小数値になっているものでも面積を求められる活動をして，5年生の面積の学習につなげる。

　1cm²の方眼を使って，15cm²になる長方形や正方形をできるだけたくさん描く。

　ゆうくん　　「3cm×5cmで15cm²になるなあ。そして，逆の5cm×3cmでもいけるなあ」

　かつやくん　「1cm×15cm，15cm×1cmでもいける」

　というように整数値で考える。線と線の間に長さがくるとどうなるかと提起して小数値を発見させる。このとき，計算機を使わせていく。

　さわさん　　「7.5cm×2cmでも15cm²になる」

　さちさん　　「2.5cm×6cmでもできる」

　といっていろいろ見つけ出す。

　小数値×整数値が中心になっているが，こうして，長さ×長さで面積が求められることを目指した。

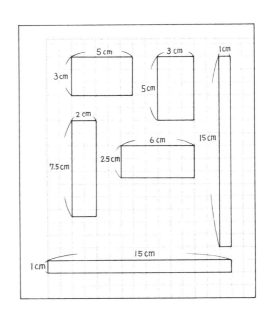

第❸時　A案
かけ算の式　〇×□＝◎

本時の目標　かけ算の式の意味がわかり，絵を見て式に表すことができる。

板書例

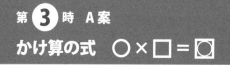

あたらしい 計算の しき　→　かけ算

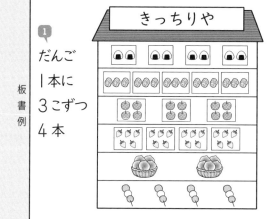

❶ だんご
1本に
3こずつ
4本

❷ おにぎり

②こ入り ④パックで，ぜんぶで ⑧こ

②×④＝⑧

1パック分の数　　パックの数　　ぜんぶの数

「二 かける 四 は 八」

③こずつ ④本で，ぜんぶで ⑫こ

(POINT)「〇ずつ□で，全部で◎」をかけ算の式 〇×□＝◎ と結びつけます。

1　1つの串に3個ずつのお団子を4本注文しよう

1本の竹串に3個ずつさした粘土玉のお団子を4本児童に見せる。

C　わー，お団子だ。1本に3個ずつだね。

T　このお団子は，ばらばらやときっちりやのどちらのお店で売ることができるでしょう。

C　ばらばらやは，数がばらばらで，きっちりやはどれも同じ数ずつ入っていたね。

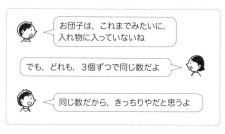

お団子は，これまでみたいに，入れ物に入っていないね

でも，どれも，3個ずつで同じ数だよ

同じ数だから，きっちりやだと思うよ

入れ物に入っていない場合，「1あたりの数」がはっきりせず，戸惑う児童も多いため留意する。
前時に使用したお店に並べる。

T　このお団子を何と言って注文しますか。

前時に「〇個入り□パックで，全部で◎個」を学習したことを振り返る。

入れ物がないから，何と言えばいいのかな

1串に3個が4本？

1つの串に3個ずつで4本？

T　入れ物がないときは，3個ずつ4本と言います。「③個ずつ④本で，全部で⑫個ください」になります。みんなで言ってみましょう。

お団子の本数を増やして，「〇個ずつ□本で，全部で◎個」にあてはめて復唱する。

16

<table>
<tr><td rowspan="4">準備物</td><td>・前時で使用したお店や品物</td></tr>
<tr><td>・竹串　　　　・粘土</td></tr>
<tr><td>QR 絵カード</td></tr>
<tr><td>QR ワークシート</td></tr>
</table>

<table>
<tr><td>ICT</td><td>前時の問題や板書をタブレットに保存しておき，導入で提示する。言葉の式をしっかりと復習した後，かけ算の立式演習へとつなげる。</td><td></td></tr>
</table>

3

かけ算の しきに あらわそう

からあげ　③ × ⑤ = ⑮

りんご　　④ × ③ = ⑫

いちご　　⑤ × ④ = ⑳

もも　　　⑤ × ② = ⑩

だんご　　③ × ④ = ⑫

> かけ算の しき
>
> ○ × □ = ◎
>
> 1あたりの数　いくつ分　ぜんぶの数

---

2 ○，□，◎で表した言葉を式で表そう

きっちりやの品物を使用する。
ワークシートも活用できる。

T　おにぎりは「②個入り④パックで，全部で⑧個」です。これを式に表してみます。

②×④=⑧
1パック分の数　パックの数　ぜんぶの数

○×□=◎になるんだね

T　「二かける四は八」と読みます。このような計算を「かけ算」といいます。

「②個入り④パックで，全部で⑧個」の言葉と対応させながら式を示す。

3 ほかの食べ物もかけ算の式に表そう

T　同じように，からあげ，りんご，いちご，桃，お団子もかけ算の式に表しましょう。

③ 個ずつ ④ 本で 全部で ⑫ 個

③×④=⑫

1本分の数　本数　ぜんぶの数

学習のまとめをする。

T　かけ算は，きっちりやのように，同じ数のものが，いくつかあるときに，全部の数を求める計算です。

自然科学の法則と理科教育

　「理科」と聞くと，実験や観察が思い浮かびます。また，飼育や栽培，理科工作（物づくり）もあります。いろんな学習内容や活動がふくまれる「理科」ですが，「理科とは」と問われると，それは「自然科学の基礎的な事実，法則（また，概念）を教える（学ぶ）教科」だと言えるでしょう。これが「理科」の本質であり，核に当たるところです。これを外しては，理科とは言えないと考えています。

　では，「自然科学」とは何か，というと，自然は一見ランダム（ばらばら）に存在しているように見えますが，その背後には自然の法則（きまり）があります。そして，その法則は多くの科学者の手によって明らかにされ，体系化されてきたものです。それが「自然科学」です。高学年での「てこ」や「振り子」なども，そういった自然の中にある法則の学びのひとつと言えます。

　また，栽培ではアサガオやヒマワリ，ヘチマといった植物を育てます。それぞれの植物の姿形や生き方は異なります。しかし，どの植物も，種子 ⇒ 発芽 ⇒ 成長 ⇒ 開花 ⇒ 結実という一生をたどるところは，共通しています。

基礎的な事実，法則を学ぶ教科

　実際，実ができてから花が咲くような植物はありません。そして，子どもは栽培や野草の観察を通して，植物の多様性とともに共通性，つまり，植物の一生には決まった順番があることや，実を作るために花が咲くこと，そして，子孫を残していることに気づいていくのです。これらもまた，植物の基本であり，法則といえるものです。なお，低学年を中心とした生き物の観察や物づくりなどの「自然の教育」も，このような学びを豊かにしてくれるものです。

　一方，「科学的な思考」あるいは「科学的に考える」ということもよく言われます。この「科学的」の中身こそ，「自然科学の法則をもとにして」考えるということです。ただ「筋道を立てて考える」ということだけでは，「科学的」とは言えないでしょう。実際，今後，地域あるいは日本，地球の自然や環境について考えるときにも，生物や気象に関わる自然科学上の知識は欠かせないものです。よく言われる「科学（的）リテラシー」という言葉の中身も，この「自然科学の基礎的な事実法則についての…知識，教養」とも言い換えられると思います。

　この先人が見つけ，積み重ねてきた自然に関わる知見や法則，つまり自然科学を次の世代に伝達，継承するのが，公教育としての理科教育の役割だと考えています。そして，「物の溶け方」の前には「物とその重さ」の学習が必要であるように，学習内容にはその価値とともに，系統性，順次性があります。それにあわせて，子どもの認識面の発達も考慮し，「どの年齢」で「何を」「どのように」学ばせるのかを，これからも授業を通して考えていくことが大切だと思っています。

実験や観察を通して，磁石の性質をとらえる

　3年生の理科に，「じしゃく」あるいは「じしゃくのせいしつ」という学習があります。ここで学ぶことは，大きく分けて2つ（後述の順番としては1と2・3）あります。ひとつは，磁石そのものの性質で，次のような内容になります。ですから，実験や観察を通して，磁石の諸性質をとらえることが磁石の性質に関わる目標になります。

○ 磁石は鉄（という物質）を引きつける（正しくは，磁石と鉄は引きつけ合う）こと。また，その引きつける力はお互い離れていても（紙などをはさんでも）はたらくこと。

○ 磁石には，引きつける力の強いところが両はしにあり，そこを「極」と言うこと。

○ 極には，N極とS極があり，同じ極（N極とN極・S極とS極）は，退けあい（押し合い・反発し合い），異なる極どうし（N極とS極）は引き合うこと。

○ 自由に動くようにした磁石は，やがて，N極は北，S極は南の方角を指して止まること。（北を指している方の極を，N極と言ってもよい。）

○ 磁石に付いた鉄や，磁石の近くに置いた鉄は，磁石になること。

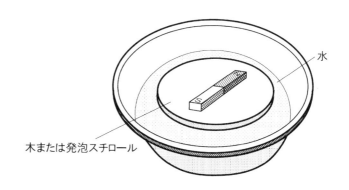

水

木または発泡スチロール

スプーンや硬貨などいろいろな物を「物質の目」で見ていく

科学的な物の見方をやしなう附属小学校の授業展開（2）

　そして，以上のこととも重なりますが，もうひとつの大切な学習内容として，『磁石を使うと「鉄」を見つけ出せる』ということがあります。磁石を通して，缶や針金などの物品から，鉄という『物質』が見えてくることを学ぶのです。このことは，スプーンや硬貨，文具など，くらしの中にあるいろいろな物，つまり「物品」を『物質の目』で見ていくことにつながり，また見直すことになります。それは科学的な物の見方の始めにもなるでしょう。

　学習の順番としては，次の3つのまとまりですすめることになります。

1. じしゃくとてつ
2. じしゃくのせいしつ…左にあげた磁石の諸性質を学びます。
3. じしゃくのはたらき

　3つ目の内容は，磁石のそばに置いた鉄（鉄くぎなど）は，磁石になり，鉄を引きつける，ということです。このことは5年生で電磁石を学ぶときには欠かせない，基礎にあたる知識ともなります。

　なお，言葉づかいとしては，「磁石につく」ではなく，「磁石に引きつけられる」の方が正しい言い方です。教科書でもこの表現になっています。磁石への鉄のつき方は，糊などで「ぺたっとつく」ようなつき方ではないからです。

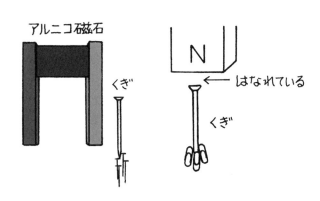

Ⅰ．磁石で鉄を知る。豆電球で金属を知る。

　磁石を持つと子どもはそれだけで楽しく遊びます。磁石の持つ力（磁力）は，大きな魅力です。この磁石を使って，磁石につく物，つかない物を調べる活動ができます。そして，はさみ，くぎ，ロッカー，つくえの脚…と，子どもは磁石につく物を次々と見つけてきます。しかし，つく物つかない物をより分けるだけでなく，磁石につくのは鉄であり，磁石を使うと鉄という物質を見つけ出せることを大切にします。つまり，磁石を通して，様々な物品をつくっている材料（素材）としての鉄に目を向けさせようとするのです。子どもは，これまで身の回りのものを，はさみやくぎ，ロッカー…のように用途と結びついた『物品』としてとらえてきています。鉄を知ることは，そういった物品をいったんはなれて，物を作っている『物質』を意識していく体験となるのです。

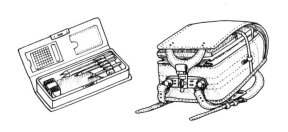

豆電球で金属を知る

　同様に，豆電球の学習では回路をつくり，豆電球を点灯させることを学びます。つまり「回路ができると電気が流れ，豆電球が点く」という学習です。そして，もうひとつ，ここでは，金属という物質群が存在することに気づかせます。すべての金属は電気を通します。だから，豆電球と乾電池を使うと，金属という「物のなかま」が見つけ出せるのです。また，電気の通り道には，必ず金属が使われていることもわかってきます。

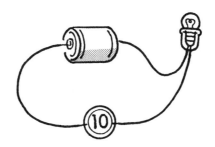

　「物は何でできているか」を考える「くまの子ウーフ」のお話があります。このように，磁石や豆電球，乾電池を手がかりにして，「物は，何でできているのか」と，くらしの中のさまざまなものに働きかけ，体を通して知っていくことは，小学生にふさわしい学び方とも言えるでしょう。

　なお，鉄，金属についていえば，今日，鉄や金属のないくらしは考えられません。人間の歴史をみても，鉄は文明を支え，鉄の生産は社会の発展とも深くかかわってきました。また，金属は，物質のなかまとしても，その３つのうちの１つです。今後の物の学習のうえからも，金属の学習はその土台になるでしょう。このような社会科的な窓口から見ても，鉄や金属は，学んでおきたい物質です。

Ⅱ. 「じしゃくとてつ」の授業

　ここでは，P93の2の「じしゃくのせいしつ」や3の「じしゃくの
はたらき」の学習部分は省きます。極があることや，N極, S極など「じ
しゃくのせいしつ」については，教科書にも詳しく出ています。

　ここでは, 1の「じしゃくとてつ」の授業についての概要を紹介します。

（1）じしゃくと物　－磁石で遊ぶ－

　子どもに持たせる磁石は小型のフェライト磁石です。両面に極のある
物，または棒形の物があります。ここでは両面に極のある円形のフェラ
イト磁石を2個ずつ持たせました。子どもは感覚を通して磁力をとら
えるので，弱い磁力ではだめで，一定の強さが必要です。ひとり2個ず
つ持たせると，反発や引き合いなど，磁石どうしの力の及ぼし合いにも
気づいてきます。実際，磁石があるだけで，1時間では足りないくらい
いろんなことをやり，また見つけてきます。「遊び」に見えますが，授
業ではこのような子どもが主体的に活動する時間が必要です。その様子
を見ていると，子どもは活動を通して，頭の中で磁石や物と対話してい
るように見えます。実際，磁石を触りながら「えーっ」「なんで？」「そ
うか…」といった独り言も聞こえます。主体的で対話的な学びです。対
話は，人と人との間にだけ成り立つものではないようです。

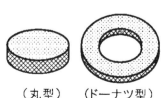

（丸型）　（ドーナツ型）
フェライト磁石

様々な磁石に触れながら，4つの共通の性質を見つけ出す

「物は何でできているのか」を，体験を通して学ぶ（4）

　そのほか，理科室にあるふつうの鋼製の磁石（棒磁石・U型磁石）や，特に磁力の強いアルニコ強力磁石もとりあげ，触らせます。アルニコ強力磁石は，子どもの力では引き離せないぐらい強力で，まさに磁力を体感できる磁石です。様々な磁石に触れながら，形状は異なっても共通の性質を持っていることを見つけ出してきます。

・磁石の力（磁力）は，空間や物（紙など，鉄でない物）を隔てても働くこと。
・磁石には，特に力の強い部分（極）があること。
・磁石と磁石は引き合うが，押し合う（反撥することもある）こと。
・磁石には，つく物とつかない物があること。

　表現の仕方は子どもによってちがいますが，これらのことは他の子にも「やってみよう」とまねさせたり，広げたりして気づかせるようにします。これらの体感や気づきは，次の「じしゃくのせいしつ」の学習に生きてくることになり，そのもとになる経験にもなります。また，フェライト磁石を家に持ち帰らせると，家にある磁石（いわゆるマグネット）と比べたり，磁石につく物を探したりと，いろんなはたらきかけをしてきます。もちろん，テレビや家電製品，磁気カードなど，磁石を近づけてはいけない物は教えておきます。

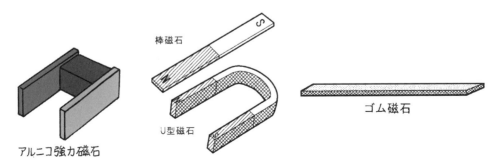

棒磁石
U型磁石
ゴム磁石
アルニコ強力磁石

（2）　じしゃくとてつ　－磁石で鉄を知る－

　次に，「じしゃくとてつ」の学習に進めます。ここで，磁石につく物は鉄だということをはっきりさせます。3年生までの，子どもの物についての認識は，はさみ，くぎなど身近な物品と結びついています。鉄といった材料（物質）とは，つながりにくいのです。子どもの発言は，「磁石に釘がついた」「磁石にはさみがついた」のように，ついた物は，物品でとらえています。だから，物質そのものに目を向けさせるには，多様な物品からはいったん離れさせなければなりません。そのため，ここでは物の形を成さない材料そのものを提示して調べさせるようにしました。そこで，1辺3cmの立方体の金属（鉄，銅，アルミニウム）と木のブロック，また板状の鉄，プラスチック，ガラス板を使いました。要は，品物（物品）として，子どもが呼びようのない物であればよいわけです。教材用の金属板でも金属棒でも，銅やアルミニウム，鉄などの針金でもよいのです。

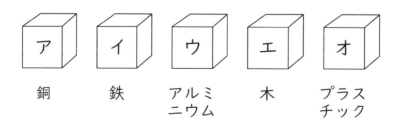

ア　銅　　イ　鉄　　ウ　アルミニウム　　エ　木　　オ　プラスチック

などを使って，磁石につく物を予想させる

　これらを子どもの前に提示し，「磁石につくのはどれだと思いますか，つくかつかないか，予想してみましょう」と予想させます。このとき，前時まで磁石で遊んできたことが，下地となってはたらきます。銅のブロックは10円玉と同じような物なのでつかないとか，これまで磁石にふれてきた経験をもとに話し合います。木やプラスチックなどが磁石につかないことは直感で見分けてくるので，金属の中のどれにつくかに絞られてきます。そして，形はちがっても立方体や板状の「鉄」に磁石がつくことを確かめ，それが「鉄」だということを教えます。つまり，ここで「磁石につく物は鉄だ」「鉄は磁石につく」ということを，言葉として教えるのです。なお，他の金属にふれてもよいのですが，ここでは「鉄とそうでない物」という見方，分け方でよいでしょう。先に金属を学んでいたのなら，「金属の中の鉄」という見方もできるでしょう。なお，硬貨を調べると，5円玉や10円玉など，磁石につく硬貨はひとつもなく，全て鉄でないことが分かります。

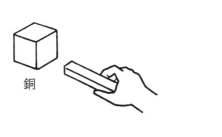

銅

10円玉

　次に，子どもに持ってこさせた空き缶（スチール）などが，磁石につくことを確かめます。空き缶は，ジュースなどの缶のほかにも，お菓子や海苔，お茶の空き缶もあるとよいでしょう。ところが，持ってきた鉄の缶は，見たところ前に見たブロックなどの鉄の色をしていません。鉄はさびるという性質があるため，刃物などを除いて鉄製品にはメッキや塗装をしてあります。だから，色はさまざまです。メッキされた空き缶などは，表面は金色です。磁石にはつくけれど「これが鉄と言えるの？」とたずねると，「中に鉄がかくれている」ことに気づいてきます。そこで，中身が何であるか露出させるための道具として紙ヤスリという物があることを教えます。そして，紙ヤスリでメッキや塗装をはがしていくと，鉄の色すなわち銀色の光沢が現れてきます。近くの子どうし比べさせると，もちろんどれも同じ銀色，輝きです。こうして，磁石につくということと，鉄特有の金属光沢とをつないで，鉄という物質をとらえさせます。これまで，単に針金と呼んでいた物を，鉄の針金，鉄でできていない針金と，何でできている物なのかと，物質を意識して言えるようになります。またアルミ缶のように，缶は缶でも「鉄でできていない」ものがあることにも気づいてきます。

紙やすり
で みがく

スチール缶
（つく）

アルミ缶

をはがして，磁石を使って鉄かどうかを調べる

　つけ加えると，今は，鉄をはじめとするひとまとまりの金属の学習はありません。だから，「鉄の色は？」と聞かれても，案外知らないことがあり，「鉄の色は黒」などと思っている子もいます。たしかに，昔の人も，鉄のことを「くろがね」と言っていたようですが…。

（3）鉄さがし・磁石を使った遊び　—物に，はたらきかけて—

　磁石につくのは鉄だ，形はちがっていても鉄という物でできているものがある，という新しく学んだ知識を使って，今度は，まわりの物から鉄を見つけ出す活動ができます。学んだ知識は，使う場面を作ることによって，生きた知識になります。理科的（科学的）活動と呼んでもよいでしょう。校庭に出ると，鉄棒，ジャングルジム，フェンスなどに鉄を見つけることができます。ジャングルジムなどでは，磁石がつくことを確かめた後，ペンキがはげて鉄の銀色が見えている箇所を見させます。磁石と目で，鉄だととらえられます。ただ，車だけはさわらないように言っておく必要があります。

　また，空き缶をはじめ，壊れたおもちゃも利用できます。これらは，存分にみがいたりこわしたりできるところがよいところです。ロボットなどは金属でできてはいるのですが，意外と鉄は少ないものです。亜鉛合金が多いようですが，もちろん磁石にはつきません。教室内からも，ロッカーのように磁石につく鉄製品は見つかりますが，紙ヤスリは使えません。それから，鉄製品のさびた部分をみがくと，鉄の金属光沢が現れてくるのも，子どもにとってはおもしろいようです。なお，ステンレスは鉄の合金であり鉄ではありません。しかし，鉄の含有量によるのか，給食のスプーンのように，磁石につくステンレスもあります。

まわりの物から鉄を見つけ出す活動

　最後に，磁石を使った遊びもとりあげます。魚つり，たこ揚げ，自動車レースなどが昔からあり，教科書に載っている物もあります。作ることを通して，磁石で物を動かすには，魚の口など，どこかにクリップなどの「鉄片」をつけなければならないことを，意識するようになります。

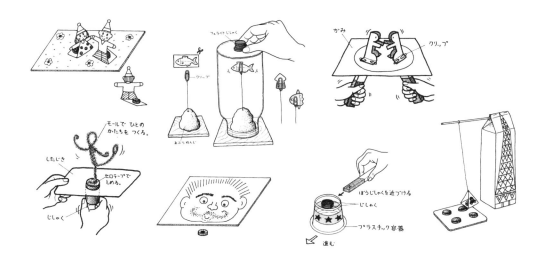

　なお，「じしゃくのせいしつ」の学習全体は，３年生で学ぶことになっています。しかし，このP93の１の「じしゃくとてつ」の部分に限っては，低学年の生活科でもとりあげてみました。そのこともふまえて，理科として「何を」「どう学ばせるのか」を記録したものです。

第2・3時めあて
しじゃくにつくものを調べよう

本時の目標 磁石に引きつけられる物は，鉄でできている物であることがわかる。

板書例

〔問題〕 どんなものが，じしゃくに
引きつけられるのだろうか

1 〈5つの板 調べ〉

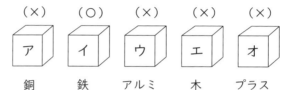

（×）	（○）	（×）	（×）	（×）
ア	イ	ウ	エ	オ
銅	鉄	アルミ二ウム	木	プラスチック

（よそう）○か×

（けっか）鉄だけついた

2 （わかったこと）

（ 鉄 ）はじしゃくにつく ⇔ じしゃくは（ 鉄 ）を引きつける

POINT 磁石につくものとつかないものに分け，磁石につくものは鉄でできていることを確認するとよいでしょう。

1 磁石についたものをふり返り，5種類のもののうち磁石につくものを予想する

前時で磁石についたもの，つかなかったものをふり返り，簡単に教師実験で確かめてみせる。

T では，今日はどんなものが磁石につくのかを考えましょう。ここに5種類の板（または棒など）があります。（グループに配布）

T まず，これらは何というものか，名前を確かめておきます。金属はどれかわかりますか。

C アの銅，イの鉄，ウのアルミ二ウムの3つです。

C エは木。オはプラスチック。

T このアからオまでの5つのものは，それぞれ磁石につくでしょうか，予想してみましょう。

【鉄を見付けさせるのに，板（または棒など）を使うわけ】
児童は，ふつう「釘（空き缶）がついた」などと，物を品物として捉えています。しかし，物質としては「鉄」です。そこで，児童の目を品物から離れさせるため，品物ではないただの「板」を提示し，鉄という言葉（見方）に気づかせます。

2 『磁石につくものは鉄』だと確かめ，アルミ箔や1円玉は磁石につくか考える

T どれが磁石につくのか実験してみましょう。

グループで，磁石を使って確かめさせる。

C 木とプラスチックはつかなかった。

C 磁石についたのは，イの鉄の板だけでした。

C アの銅板もウのアルミ板も磁石につかない。金属でも磁石につかないものがありました。

T では，『磁石は（何）を引きつける』といえばよいでしょうか。

C 『鉄を引きつける』です。

T 磁石が引きつけるものは『鉄』だけでした。電気を通す銅もアルミ二ウムも，磁石にはつかないのです。（ここでは鉄だけとしておく）

T では，アルミ箔，1円玉（アルミ二ウム），10円玉（銅），などはつくかな？

児童に予想させたあと，教師実験でどれも磁石につかないことを確かめる。（他の硬貨も同様に示す）

164

| 準備物 | ・金属（鉄，銅，アルミニウム），木，プラスチック，紙などの，板か棒状のもの（同形がよい）
・アルミと鉄（スチール）の空き缶　・アルミ箔
・硬貨（1円玉，10円玉）　　　・紙やすり | ICT | 身の回りにある物の材質がわからないときには，検索エンジンを使って調べさせてもよいでしょう。 | |

3

〈アルミはく，お金　調べ〉

じしゃくに

・アルミはく
・1円玉　｝… （アルミニウム）→ （つかない）

・10円玉　　　…（　　どう　　）→ （つかない）

〈かん　しらべ〉

・じしゃくに<u>つく</u>のは
（　鉄　）の
かん

・じしゃくに<u>つかない</u>のは
（アルミニウム）の
‖　かん
鉄でない

4　〔まとめ〕
　　じしゃくは　鉄を（引きつける）

3 アルミ缶と鉄（スチール）缶を，磁石を使って見分け，隠れた鉄やアルミを見つける

T　（2つの空き缶を見せて）この2つの缶は磁石につくのかどうか調べてみましょう。

　教師実験で，1つは磁石につき，もう1つは磁石につかないことを示す。

T　<u>どちらも缶なのに，どうして磁石につく缶とつかない缶があるのでしょう。違いは何かな。</u>

C　はじめの缶は，色を塗ってあってわからなかったけれど，鉄の缶だから磁石についた。

C　磁石につかなかった方の缶は，鉄でない缶だと思います。アルミ缶かな。

C　缶に，『アルミ』と書いてあります。

T　磁石を使うと，色が塗ってあっても鉄の缶が見分けられます。『隠れた鉄』もあるのです。では，紙やすりを使って，『隠れた鉄』『隠れたアルミニウム』の色を見てみましょう。

　それぞれ紙やすりで磨き，塗装下の色を確かめる。

4 『磁石は鉄を引きつける』とまとめる

T　わかったことを話し合いましょう。

C　磁石につくのは鉄だけで，他はつきません。

C　クリップもはさみの刃も磁石についたから，どれも鉄でできているとわかって驚きました。

T　磁石に鉄がつくときは，どんなつき方でしたか。糊でくっつけるときみたいでしたか。

C　いいえ，<u>離れたところから引き寄せる感じ</u>。

　『じしゃくは，鉄を（　）』と板書し，（　）に入る言葉を考えさせ，『引きつける』という用語が当てはまることを確かめ合う。

【深めよう】　－磁石を使って鉄を見つけよう・鉄さがし－

ここで，磁石を使うと『鉄』という物質見つけられることを学びました。そこで発展として<u>「磁石を使った鉄さがし」</u>の時間を設けるのもよいでしょう。校内なら，鉄棒や滑り台などの遊具，フェンス，階段の手すりなどの鉄を見つけ，<u>くらしの中の鉄</u>に気づかせます。ただし，家電や車など，磁石を近づけてはいけないものも教えておきます。また，おもちゃなどを分解して，そこからの「鉄さがし」もできます。

1　気持ちの変化を読み，考えたことを話し合おう

ごんぎつね

全授業時間 12 時間

◉ 指導目標 ◉

- 文章を読んで感じたことや考えたことを共有し，一人一人の感じ方などに違いがあることに気づくことができる。
- 登場人物の気持ちの変化や性格，情景について，場面の移り変わりと結びつけて具体的に想像することができる。
- 文章を読んで理解したことに基づいて，感想や考えをもつことができる。
- 様子や行動，気持ちや性格を表す語句の量を増やし，語彙を豊かにすることができる。

◉ 指導にあたって ◉

　「ごんぎつね」は，「手ぶくろを買いに」や「おじいさんのランプ」などとともに，多くの子どもに読み継がれてきた新美南吉の童話です。話は，小ぎつね「ごん」の登場する，子ども向けの童話として書かれています。しかし，そこには人と人とのつながりの１つの姿と，思いが通じ合うことの難しさ，分かり合えない悲しさが描かれています。そこに，大人が読んでも心に響くものがあり，読む者にいろいろな思いをもたせたり，考えさせたりする物語です。それだけに，児童も，兵十に心を寄せていく健気なごんの姿に共感し，その気持ちを推し量ったり，いろんな思いをもったりします。

　そこで，ここでは「気持ちの変化を読み，考えたことを話し合おう」というめあてで，ごんの行動や様子，また情景からも，その人物像と心情とを読み取っていきます。また，最後の場面では，児童は，撃たれたごんだけでなく，兵十の衝撃や悔い，つらさにも目を向けます。それは，兵十が「火縄銃をばたりと取り落とし…」という叙述からも読み取れます。このように，人物の心情は，叙述をもとに読んでいくことが，読み取りの基本となります。その点，文から離れた想像だけの「気持ちの読み」にならないように気をつけます。その上で，「自分はこう読んだ」というごんの人物像や，ごんや兵十に対する思いを書き，友達とも話し合って，見方を広げ深めるようにします。

◉ 評価規準 ◉

知識 及び 技能	様子や行動，気持ちや性格を表す語句の量を増やし，語彙を豊かにしている。
思考力，判断力，表現力等	・「読むこと」において，登場人物の気持ちの変化や性格，情景について，場面の写り移り変わりと結びつけて具体的に想像している。 ・「読むこと」において，文章を読んで理解したことに基づいて，感想や考えをもっている。 ・「読むこと」において，文章を読んで感じたことや考えたことを共有し，一人一人の感じ方などに違いがあることに気づいている。
主体的に学習に取り組む態度	学習の見通しを持って，読んで考えたことを話し合い，一人一人の感じ方などに違いがあることに積極的に気づこうとしている。

22

◉ 学習指導計画　　全12時間 ◉

次	時	学習活動	指導上の留意点
1	1	・教科書 P1 の詩「はばたき」を読む。「国語の学習を見わたそう」を見て、学習の見通しをもつ。 ・「ごんぎつね」の範読を聞き、学習のめあてを確かめる。	・これから何を学習するのか、目次も眺め、これからの学びに期待感をもたせる。 ・めあては「気持ちの変化を読み、考えたことを話し合おう」とする。
1	2	・「ごんぎつね」全文を音読し、初めの感想を書いて発表する。それを聞き合う。	・単元の初めなので音読の時間をとる。 ・多様な感想を聞き合い、認め合う。
2	3	・1の場面の前半を読み、場面の設定を捉えるとともに、ごんとはどんなきつねなのかを、文をもとに話し合う。	・昔の、田舎の農村が、物語の舞台になっていることを、文から読み取らせる。 ・『情景』についても、説明を加える。
2	4	・1の場面の後半を読み、兵十の捕った魚を逃がすといういたずらをするごんの様子を読み、ごんの気持ちを考える。	・深く考えない思いつきのいたずらであることに気づかせ、ごんの気持ちを考えさせる。表にもまとめていくようにする。
2	5	・2の場面を読み、兵十のおっかあが亡くなったことを知り、いたずらを悔いるごんの姿を読み取る。	・情景からも気持ちを想像させる。 ・おっかあの死と、いたずらを結びつけるごんの姿と思いについて考えさせる。
2	6	・3の場面を読み、「おれと同じひとりぼっちの兵十」を見て、「つぐない」をしようとするごんの姿を読み取る。	・「おれと同じ…」と思い、「つぐない」をしたいと思うようになったごんの気持ちを、文から想像させる。
2	7	・4，5の場面を読み、加助と兵十の話を聞き、「(分かってくれなくて) つまらないな」と思うごんの姿と気持ちを読み取る。	・秋の月夜、自分に関わる話を聞きたいと思い、兵十のあとをつけ、すぐそばまで近づくごんの行動と気持ちに気づかせる。
2	8	・6の場面を読み、ごんを撃ってしまった兵十のしたことと、気持ちを読み取る。	・兵十の思いと目線を追い、兵十の気持ちの大きな変化を捉えさせる。
3	9	・ごんと兵十の気持ちの変化を表に書きまとめ、そこから分かることを話し合う。	・ごんの気持ちが兵十に近づいているのに対し、兵十の気持ちは変わっていないことに気づかせる。
3	10 11	・ごんや兵十、場面のできごとについて考えたことを書きまとめ、グループで話し合う。	・「何について」考えたのかというテーマのもとに書き、グループでも話し合わせる。
3	12	・学習のまとめをする。 ・発展的な言語活動を行う。	・言語活動としては、「新美南吉の作品を読む」「読み聞かせ」「情景の視写」「ブックトーク」などが考えられる。

ごんぎつね　23

ごんぎつね

第 3 時 （3/12）

本時の目標

1の前半の場面を読み、「ひとりぼっちの小ぎつね」ごんのくらしと、いたずら好きな小ぎつねであることを読み取ることができる。

授業のポイント

どんなところ（農村）での、いつ頃（かなり昔）の話なのか、文をもとに話し合っておく。これが、物語の世界、背景を感じながら読んでいく助けになる。

本時の評価

1の前半の場面を読み、「ひとりぼっちの小ぎつね」ごんのくらしと、いたずら好きな小ぎつねであることを読み取っている。

板書例

〈読取の範囲〉1の場面の前半（教科書P12～P13L7）を読み、時代や場所など場面設定（物語の世界）を

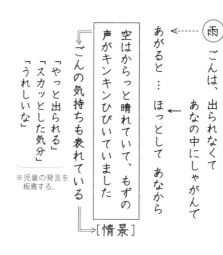

（ある秋のことでした）

ごんは、出られなくてあなの中にしゃがんで

雨があがると…ほっとしてあなから

空はからっと晴れていて、もずの声がキンキンひびいていました

→［情景］

ごんの気持ちも表れている

「やっと出られる」
「スカッとした気分」
「うれしいな」

※児童の発言を板書する。

中山
お城

村へ
村へ いたずらばかり
村へ 出てきて

---

1 めあて 音読する

めあてを聞き、1の場面を音読しよう。

「初めの感想では、ごんや兵十に対していろいろな感想が出ました。今日は初めの1の場面を読み、ごんはどんなきつねなのかを考えましょう。」

1の場面を、みんなで音読しましょう。(斉読)今度は、1人で読んでもらいましょう。読みたい人は、手を挙げてください。

はい！ はい！ はい！

「では、段落ごとに交代して読んでもらいましょう。段落で交代です。初めは、中山さん読んでください。」

・これは、わたしが小さいときに、村の茂平というおじいさんから…。

段落ごとに交代して音読させる。緊張もするが、その緊張が学びにおいても大切であり、家での練習にもつながる。そして、単元を通して、どの児童も一度はみんなの前で、1人で読むという機会を与え、体験させるようにする。

2 読む 対話する

「いつ」「どこ」「だれ」という場面設定を話し合い、確かめよう。

「まず、13ページ1行目まで読みましょう。ここに、お話の場所（舞台）と、いつの話か、ごんとはどんなきつねなのかが書かれています。読んでそれが分かるところに線を引きましょう。」（各自が読む）

場面設定（時代＝いつ、場所＝どこ）を捉えさせる。

場所はどこでしょう。また、いつごろの話でしょうか。文章をもとに考えて、発表しましょう。

『中山』という所から少し離れたところ、その山の中に、ごんが住んでいました。

お城があって、お殿様がいたような昔の話です。

『あたりの村へ』とあるから、田舎の村みたいです。

ここでの「わたし」は、いわゆる語り手（話者）になる。新美南吉が、この「わたし」に「ごんぎつね」の話を語らせている。板書で、図でも示して、農村のイメージをもたせる。シダなど、実物や画像があれば見せて説明する。

確かめ，ごんとはどんな小ぎつねなのかを，文章から読み取ります。

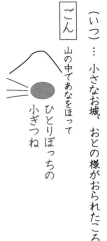

ごんぎつね

め　ごんとは、どんな小ぎつねか
文章から考えよう

これは、わたしが小さいときに…（いつ）
→「ごんぎつね」の話
（いつ）… 小さなお城、おとの様がおられたころ

ごん
山の中であなをほって
ひとりぼっちの
小ぎつね

🔍 主体的・対話的で 深い学び

・みんなで話し合うためにも，場面の設定は初めに確かめ合う。時代や季節，農村か町かなど，これからの対話の土台になることを共有しておく。そこがあいまいだと対話も進まない。その上で，ごんの人物像を読んでいく。ここでは「ひとりぼっち」と「いたずらをよくする」ということになる。この2点も，みんなで共有しておくことになる。その上で，それをつないで「さびしいから，いたずらをする」「気をひきたい」などと考える児童もいる。そこは，主体的で個々それぞれの読みになる。

準備物

・参考画像『しだ』 **DVD** 収録【4下_01_02】
・（できれば）実物のシダ，菜種がら，唐辛子

---

3 対話する　ごんとは，どんな小ぎつねなのか話し合おう。

では、ごんとは，どんなきつねでしょうか。書かれている文章から考えましょう。

ひとりぼっちの小ぎつねです。さびしそう。お母さんや兄弟、友達もいないみたい。

森の中に穴を掘って住んでいます。

あたりの村へ出てきて、いたずらばかりするきつねです。「火をつけたり」って、相当悪いことです。

「ひとりぼっちの小ぎつね，でも，いたずら大好き，それがごんのようですね。」

「では，13ページ2行目『ある秋のことでした』から7行目までを読んで，分かることを発表しましょう。」
・雨の間，ごんはずっと穴の中にしゃがんでいました。
・3日もじっとしているのは、いらいらしていたかもしれません。
・『ほっとして』だから、晴れてごんはうれしかった。

4 書く　対話する　情景を確かめ，ごんについて思ったことを書いて話し合おう。

「『空は，からっと…』の文を読んでみましょう。ごんはどんな気持ちになったと，思いますか。」
・からっと晴れて，やっと外へ出られるなあと思った。
・もずもキンキン、スカッとした気分になります。
「そのような気持ちになったでしょうね。このように、ごんの気分も表すように書いてある様子を、『情景』というのです。」

「情景」を具体的に説明し，教科書P30も読む。「情景」の意味は、これからも文をもとに具体的に教える。

ごんは、どのような小ぎつねなのかが分かってきました。このごんを見て、思ったことを書いて話し合いましょう。ごんの気持ちも想像してみましょう。

『ひとりぼっち』というのが、なんとなくかわいそう。きっと、さびしいだろうなと思いました。

いたずらばかりで、村の人には嫌われていたと思います。

「もう一度，1の場面を音読して振り返りましょう。」

ごんぎつね　31

ごんぎつね

第 **4** 時　（4/12）

本時の目標

1の場面の後半を読み，兵十の捕った魚を逃がすといういたずらをしたごんの様子を読み，そのときの気持ちを想像することができる。

授業のポイント

小川，兵十，それを見ているごん，それらの位置関係を文に即してイメージさせたい。そのため，板書を活用する。
難しい言葉は，説明でも補う。

本時の評価

1の場面の後半を読み，兵十の捕った魚を逃がすといういたずらをしたごんの様子を読み，気持ちを想像している。

板書例

〈読取の範囲〉1 場面の後半（教科書 P13L8 ～ P17L3），「いたずらばかり」のごんの，具体的な姿が語られて

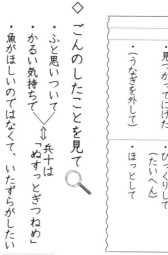
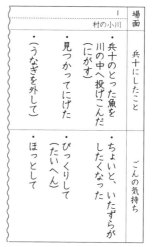

◇ ごんのしたこと、気持ちをまとめよう

◇ ごんのしたことを見て🔍

場面	1	
	村の小川	
	兵十にしたこと	ごんの気持ち
	・兵十のとった魚を川の中へ投げこんだ（にがす）	・ちょいと、いたずらがしたくなった
	・見つかってにげた	・びっくりして（たいへん）
	・（うなぎを外して）	・ほっとして

・魚がほしいのではなくて、いたずらがしたい
・かるい気持ちで ⇔ 兵十は「ぬすっときつねめ」
・ふと思いついて
・ごんのしたことを見て

※児童の発表を板書する。

兵十がいなくなると
←
〜魚〜
↑
魚をあみより下手の川の中へぽんぽんと…
いたずら

---

1 めあて読む

1の場面を読み，ごんが小川のそばへ行った様子を読もう。

「これまでの学習で，ごんは，どんなきつねだと，書いてありましたか。」
・ひとりぼっちの，いたずら好きな小ぎつねでした。
「今日は，1の場面の後半を読みます。ごんはいたずらをするのでしょうか。ごんのしたことや様子を読み，気持ちも考えましょう。」
「まず，1の場面を音読し，振り返りましょう。」（斉読）

「『ある秋のことでした。』から，読みましょう。」

雨が上がって，ごんは，どこへ行きましたか。またそこで，何を見ましたか。

村の小川の堤へ行きました。

川の中で，網で魚を捕っている人を見つけて，その様子を見に行きました。

「初めから，小川に行くつもりだったのでしょうか。」
・いいえ，退屈だったしどこかへ行きたかったのかな。

2 読む対話する

ごんが見た兵十の様子を読み，話し合おう。

「では，15ページまで読んで，ごんに見えた兵十の様子が書かれているところに，線を引きましょう。」

「ごんには，初めから兵十だと分かりましたか。」
・『川の中に人が…』から，遠くからは分からなかった。
「『そうっと歩きよって』兵十だと分かりましたね。」

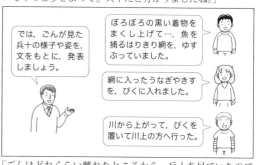

では，ごんが見た兵十の様子や姿を，文をもとに，発表しましょう。

ぼろぼろの黒い着物をまくし上げて…，魚を捕るはりきり網を，ゆすぶっていました。

網に入ったうなぎやきすを，びくに入れました。

川から上がって，びくを置いて川上の方へ行った。

「ごんはどれくらい離れたところから，兵十を見ていたのでしょうか。教室の端くらいでしょうか。」
・顔に付いた『はぎの葉』が分かるくらいだから…。

位置関係や魚取りの様子は，説明も交え板書で表していく。

32

います。ごんのしたことを読み，そのときの気持ちを考えます。

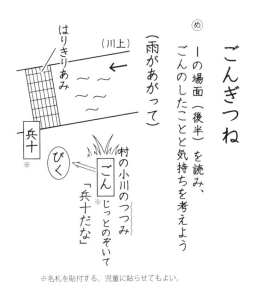

め
ごんぎつね
一の場面（後半）を読み、
ごんのしたことと気持ちを考えよう

（雨があがって）
（川上）
はりきりあみ
兵十 ※
〜〜〜〜
村の小川のつつみ
ごん じっとのぞいて
びく
「兵十だな」

※名札を貼付する。児童に貼らせてもよい。

主体的・対話的で深い学び

・単元の目標は「気持ちの変化を読み，…」となっている。しかし，うれしいとか悲しいという言葉では，ごんの気持ちは書かれていない。だから，「ほっとして…」や「ふと見ると」，また，「ちょいと，いたずらがしたくなったのです」などの叙述から，ごんの気持ちを推し量り，想像させるようにする。

・この読みは，「このようなごんを，ぼく，わたしはどう見たのか」ということになり，自分の主体的な考えも含まれる。それが，対話を通してごんの人物像を描いていくことになる。

準備物

・参考画像『すすき』『はぎ』『びく』
　DVD 収録【4下_01_03〜4下_01_05】
・（黒板掲示用）ごん と 兵十 の名札　DVD 収録【4下_01_06】
　※動かせるように裏に磁石シートを貼っておく。
・ごんが兵十にしたことと，ごんの気持ちをまとめるワークシート
　（児童用ワークシート見本　DVD 収録【4下_01_07】）
　※児童に表から作らせてもよい。

3 書く　ごんのしたことと，気持ちを考えて，表に書き入れよう。

「『兵十がいなくなると，…』そこで，ごんは何をしたのか，そして，どうなったのか，1の場面を最後まで（P17 L3）まで読みましょう。」

これから，ごんが兵十にしたことを文から確かめ，そのときのごんの気持ちを考えて，まとめていきます。表にすると，ごんの気持ちの変わりようも分かりやすくなります。

「ごんが兵十にしたこと」と「そのときのごんの気持ち」を書いていくんだね。

教科書P30『ノートの例』でまとめ方を見て確かめる。

「では，まず表を書いて，1の場面でごんがしたことと，気持ちを考えて書き入れましょう。」

　ワークシートでもよいが，表から作らせた方がよい。また，書く前に，それが分かる文に線を引かせてもよい。

「どんないたずらなのかも，書けるといいですね。」

4 対話する　ごんのしたことと，考えた気持ちを話し合おう。

「表に書き入れる文は，そのまま写すのではなく，短い文に書き換えましょう。」（個別に指導もする）
「書いた表は，友達とも見せ合いましょう。」

びくのそばへ，かけつけました。

ごんは，どんなことをしたのですか。

兵十が，せっかく捕った魚を，びくからつかみ出して川へ投げ込みました。逃がしたんだ。

うなぎだけは首に巻き付いたので，そのまま逃げた。

「このときのごん気持ちを，想像してみましょう。初めから，いたずらをしようと思っていたのかな？」
　・『ちょいといたずらがしたくなった…』とあるので，ふと思いついた，と思います。軽い気持ちかなあ。
　・魚をねらっていたのでもないし，いたずらです。
「このようなごんをどう思いましたか。」（書かせて発表）
　・すばしこいなあと思った。でも悪気はないかも…。

　最後に1の場面を音読して振り返る。

ごんぎつね

第 ⑤ 時 （5/12）

本時の目標

2の場面を読み，兵十にいたずらをしたことを悔やむごんの姿を読み取り，その気持ちを想像することができる。

授業のポイント

主に，ごんから見た物事が描かれている。どこで何を見ているのか，ごんの目線に沿って読むことが気持ちを想像することになる。

本時の評価

2の場面を読み，兵十にいたずらをしたことを悔やむごんの姿を読み取り，ごんの気持ちを想像している。

板書例

〈読取の範囲〉2場面を読みます。兵十のおっかあが亡くなったことを知ったごん。その晩，兵十の

◇　ごんのしたこと、気持ちを見て
・前はいたずらを何とも思っていなかった
　←（あなの中で）気持ちの変化
・「あんないたずらをしなきゃよかった」

場面	2	
	あなの中　そうれつ　そうしき	ごんにしたこと	ごんの気持ち

（そのばん）

・兵十のうちの前に来る
　（お昼がすぎると）
・村の墓地へ
・兵十の顔を見て

「ああ、そうしきだ」
「だれが死んだのだろう」

なんだかしおれて

「ははん、死んだのは…おっかあだ」

「ちょっ、あんないたずらをしなければよかった」

◇　ごんのしたこと、気持ちをまとめよう

「ははん、死んだのは…おっかあだ」

※児童の発言を板書する。

---

1 振り返る　めあて　2の場面のごんのしたことを読み　その気持ちを考えよう。

「ごんとは，どんな小ぎつねなのか，どんないたずらをするのか，1の場面で分かってきました。反対に，兵十は，ごんのことをどう思っているのでしょうか。」
　・ごんは軽い気持ちでも，兵十にはにくいやつです。

「今日は2の場面から，ごんは何を見て，どんなことをするのかを読み，気持ちも考えましょう。」

「2の場面を音読しましょう。」（斉読，指名読みなど）

「『十日ほどたって』というのは，いつから，十日ほどたったのですか。」
　・ごんが兵十にいたずらをしてから，十日ほどです。

2の場面で，ごんが見たもの，知ったことは何ですか。

兵十の家での葬式です。

葬列と，元気のない兵十の顔を見た。

兵十のおっかあが，死んだことを知りました。

---

2 書く　ごんがしたことと，気持ちを考えて表に書こう。

　表に書くのは，まだ2回目なので，まず少し全体で話し合っておき，それも参考に表にまとめさせる。また，2の場面を，それぞれ『十日ほどたって』『お昼が過ぎると』『そのばん，ごんは』からの，3つに分けて書かせるとよい。

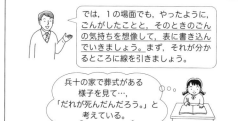

では，1の場面でも，やったように，ごんがしたことと，そのときのごんの気持ちを想像して，表に書き込んでいきましょう。まず，それが分かるところに線を引きましょう。

兵十の家で葬式がある様子を見て…，「だれが死んだんだろう。」と考えている。

　兵十との関わりでの，したことや，情景に目を向けさせる。なお，2の場面では，「　」は会話文ではなく，ごんの心の中でのつぶやきだと気づかせておく。

「書けたら，友達と見せ合いましょう。書き加えてもいいですよ。」（参考で何人かに読ませてもよい）

34

うなぎを盗ったことを悔いるごんの姿を読み取ります。

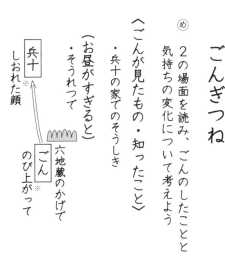

ごんぎつね

㉑ 2の場面を読み、ごんのしたことと
　気持ちの変化について考えよう

〈ごんが見たもの・知ったこと〉
　・兵十の家でのそうしき
（お昼がすぎると）
　・それって
　　　　　　　六地蔵のかげて
　　　　　　　ごん※
　　　　　　　のび上がって
兵十※
しおれた顔

※名札を貼付する。

🔍 主体的・対話的で深い学び

・一昔前、昭和までの、農村での葬式の様子がよく分かる。彼岸花の
咲く野道を進む白い着物を着た兵十たち、それをそっと見るごん。
色や音も映画のように描写されている。このような情景や描き方に
ついて、思ったことを自由に述べ合う（対話する）のも、間接ながら、
物語を通しての体験といえる。
・また、「このようなごんを、どう見るか」についても話し合い、「ごん」
の見方をふくらませる。2場面でも、小学生のような好奇心いっぱ
いの、ごんの1面を捉えることができる。

準備物

・参考画像『彼岸花』『六地蔵』
　DVD 収録【4下_01_08〜4下_01_12】
・参考イラスト『かみしも』　DVD 収録【4下_01_13】
・（黒板貼付用）ごん と 兵十 の名札（第4時で使用したもの）

3 対話する　表に書いたことをもとに、葬列を見る
ごんの様子を話し合おう。

「『十日ほどたって』今、ごんはどこにいますか。」
　・村に出てきて、弥助、新兵衛のうちの近くから…。
　・兵十のうちの前にも来ています。

そこで、ごんが見たもの、知った
ことは何ですか。また、そのとき
のごんの気持ちはどうでしょうか。

兵十のことが、
気になるみたい
です。

家の様子から、葬式
だと考えています。
兵十の家の『だれか
が死んだのだろう』
と思っています。

「『お昼が過ぎると』から読みましょう。」（斉読）

「ごんは、どこへ行きましたか。何を見ていますか。」
　・今度は墓地へ行っています。気になるみたいです。
　・葬列の、兵十の様子を見ています。

「ごんの気持ちが、分かるところはないでしょうか。」
　・兵十の顔が、『今日はなんだかしおれていました。』のと
　　ころです。兵十のことが気になるみたい。

4 対話する　いたずらしたことを悔いる
書く　ごんの姿を読み、思うことを書こう。

「『そのばん…』ごんは、どこで何をしていますか。」
　・穴の中で考えています。『ちょっ、あんないたずらをし
　　なけりゃよかった』と思っています。反省かな。
「これ（うなぎの一件）は、本当のことでしょうか。」
　・いいえ、ごんが穴の中で考えたことです。

「『　』のごんが考えたことをもう一度読みましょう。」

ここまで読んで、ごんの気持ちに
変化はあったでしょうか。あると
すればどんな変化でしょうか。

兵十やおっかあを「かわい
そう」と思うようになって
きている感じがするね。

前は、いたずらを何
とも思っていなかった
けど、今は、あのいた
ずらをしなきゃよかっ
たと思っている。

「このようなごんを見て思ったことを書きましょう。」

　話し合いを通して、ごんの気持ちが変化していること、い
たずらぎつねだけではないことに、気づかせたい。

ごんぎつね
第 6 時 (6/12)

本時の目標
3の場面を読み、兵十の様子を見ているごん、「つぐない」をしようとしているごんの姿や気持ちを読み取ることができる。

授業のポイント
児童からは、ごんの行動や気持ちについて、他にも多様な見方、考えが出る場面。『ひとりぼっちの兵十』『つぐない』をキーワードにして話し合う。

本時の評価
3の場面を読み、兵十の様子を見ているごん、「つぐない」をしようとしているごんの姿や気持ちを読み取っている。

板書例

〈読取の範囲〉3の場面を読み、母を亡くしてひとりぼっちになった兵十の様子が気になるごん、

◇ ごんの様子や気持ちを見て

・ごんも兵十も「おれと同じ」、気持ちが分かる
・何かを兵十にしてあげたいと思うように
・持っていくことがうれしそう

場面	3 兵十のうち
兵十にしたこと	・物置の後ろから兵十を見る ・いわしを兵十の家へ投げこむ （次の日） ・山でくりをどっさり拾い、兵十のうちへ ・うら口からのぞく ・そっと…くりを置いて （次の日も、その次の日も） （その次の日には） ・まつたけも
ごんの気持ち	「おれと同じ、ひとりぼっちの兵十か」 （わるいことをした） ・うなぎのつぐないにまず一ついいことをした （つぐないを続けたい） ・これはしまった （見つかりたくない） 続けたわけは？ 気持ちは？

※児童の発言を板書する。

---

1 読む めあて 音読し、ごんの（気持ちの）変化を読むというめあてを捉えよう。

「2の場面で、それまでのごんと比べて、気持ちの変化はあったのでしょうか。」
　・はい、いたずらを悔やんでいるみたいでした。
「今日は3の場面を読み、ごんのしたことや気持ちを考えます。気持ちに変化はあるのでしょうか。」
「3の場面を音読しましょう。」（斉読、指名読みなど）

> 3の場面の初め、ごんは、今どこで何をしていますか。
> 兵十の家の近くです。兵十を見ています。
> どうして、ここにいると思いますか。
> 『何かおもしろいものはないか』と、うろついているうちに、たまたまここへ来たのかな。
> 兵十のことが気になって、見に来たのだと思います。

結論は出なくてよい。なぜ来たのか、理由ははっきりとは書かれていないが、「物置の後ろから…」などの表現から、兵十に関心を持っている様子が、話し合えるとよい。

2 読む 書く ごんのしたこと、ごんの気持ちを考えて表に書こう。

「では、これまでのように『ごんのしたこと』、そして『ごんの気もち』を考えて、表に書きましょう。」
「まず、もう一度読み直して、『ここは、ごんの気持ちが分かる』というところに○印をつけましょう。」

見て回り、児童が印をつけたところを見ておく。また、表に書き込む内容については、個別に援助する。

> いわしを盗って、兵十の家に投げ込みました。そして、穴へかけもどった。
> そのあと、ごんがしたのは、どんなことでしたか。
> 栗を持って、また兵十の家に行き、けがをした兵十の様子を見ています。栗はそっと置いて帰りました。
> それから毎日、栗やまつたけを持っていきました。

発言に応じて、それぞれの箇所を音読させるとよい。（『そのすき間に』からも、ごんのすばしっこさが読み取れる）

36

「つぐない」をしようと考えるごんの姿と気持ちを読み取ります。

◇ ごんのしたこと、気持ちをまとめよう

〈ごんは、どこで何を？〉

め 3の場面を読み、ごんのしたことと気持ちを考えよう

ごんぎつね

まずしいくらし
麦をといて
兵十 ※
井戸
おれと同じ
ひとりぼっちの
兵十か ※※

物置
ごん
気になって？
たまたま？

※名札を貼付する。
※※あとて書き入れる。

主体的・対話的 で 深い 学び

・2の場面もそうだが，この物語はその場の情景が目の前に浮かぶような書き方になっている。だから，時間にもよるが，ごんのしたこと，気持ちを追うだけでなく，「どのように書かれているか」にも目を向けさせたい。本時では，一瞬のすきを見て，とっさに思いついたのだろう，いわしをつかみ投げ込むごん。文章から，いたずら好きですばしっこい，ごんぎつねらしさが生き生きと伝わってくる。このような叙述についても対話を通して感想を語り合うと，人物像がより鮮明になってくる。

準備物

・(黒板貼付用) ごん と 兵十 の名札 (第4時から使用のもの)

・国語辞典 (各自)
　※「つぐない」の意味を調べさせる。

---

3 対話する ごんの気持ちが読み取れるところと，その気持ちについて話し合おう。

「いわしを投げ込んだのは，前から考えていたことでしょうか。それとも…?」
　・いいえ，いわし売りを見て，急に思いついたと思う。
　・でも，兵十に何かしてあげたい…というのは，思っていたみたいです。だから，やってしまった。
「ごんが，いわしを投げ込んだこと (したこと) にも，ごんの気持ちが出ているようです。」

では，他にもごんの気持ちが分かるところを，発表しましょう。

「おれと同じ，ひとりぼっちの兵十か。」のところ。兵十の気持ちが分かる，というごんの気持ちです。

『うなぎのつぐないに，まず一つ，いいことを…』兵十に，何かつぐないをしたいと思っていた気持ちが分かります。できてうれしいなと考えた。

『そっと物置の方へ』など，見つかりたくない気持ちももっています。

---

4 対話する 書く 「つぐない」という言葉から，ごんの気持ちを考え話し合おう。

「『つぐない』という言葉が出てきました。そこをもう一度読みましょう。」(音読し，意味も辞典で調べる)
「ここでは，ごんは何をすることが『うなぎのつぐない』だと思っているのでしょうか。」
　・うなぎを盗った埋め合わせに，何か兵十が喜ぶことをしてあげることが，つぐないだと思った。
　・いわしを投げ込み，栗を持っていくことだと考えた。

3の場面で，ごんの気持ちに変化はあったでしょうか。あるとすれば，どんな気持ちになったことでしょうか。

『いたずらをしなきゃよかった』だけでなく，なにか兵十に (つぐないを) したいと思うようになった。

『ひとりぼっちの兵十か』と，自分と同じようだと，思うようになってきています。同情かなあ…。

「こんなごんを見て，思ったことを書きましょう。」

「ごんをどう見たのか」を話し合い，最後に音読で振り返る。

ごんぎつね

第 7 時 （7/12）

本時の目標
4と5の場面を読み、兵十がごんの「つぐない」に気づいていないことを知って、引き合わないなと思ったごんの姿を読み取ることができる。

授業のポイント
会話文が多い場面。まず、兵十と加助、どちらの言葉なのか、印をさせるなど、確かめておく。「お念仏」については説明する。

本時の評価
4と5の場面を読み、兵十がごんの「つぐない」に気づいていないことを知り、引き合わないなと思ったごんの姿、気持ちを読み取っている。

板書例

〈読取の範囲〉4と5の場面を読み、自分の「つぐない」が兵十には伝わっていないことを知る。

◇ごんのしたこと、気持ちをまとめよう

場面	4（吉べえの家へ行く）道	5（吉べえの家からの）帰り道
兵十にしたこと	・（ぶらぶら遊びに） ・二人の話を聞く ・後をつけていく ・井戸のそばに…（待つ）	・二人についていくかげぼうしをふみふみ ・二人の話を聞く 「神様が…」 「そうかなあ」
ごんの気持ち	（二人の話を聞きたい）	・二人の話を聞こうと（近くで聞きたい） 「へえ、こいつはつまらないな」 「おれは引き合わないなあ」

◇ごんの様子や気持ちを見て🔍

・「つまらないな」 ↑ 分かる
・そっと気づかれないように持っていっても ←→ 気づいてほしい気持ちも（少しは）

※児童の発言を板書する。

---

1 めあて 振り返る
めあてを捉え、3の場面の栗を届け続けるごんを振り返ろう。

「今日は、4と5の場面から、ごんのしたことを読み、ごんの気持ちを想像していきましょう。」
「その前に、3の場面の終わりを振り返っておきましょう。『次の日も』（P23 L6）から読みましょう。」（音読）

「ごんは、何をしていますか。」
・毎日、兵十に栗を届けています。
・4日目には、まつたけも持っていっています。
・たぶん、このあとも毎日持っていったと思います。

それは、どんな気持ちからしていると思いますか。

「うなぎのつぐない」だと思います。うなぎを盗ったことへのお返しと思ってしています。

「おれと同じひとりぼっちの兵十」を見て、何かをしてあげたくなった気持ちもあるように思います。

ごんも「持っていくこと」がうれしいみたいです。

「つぐないの気持ちだけではないかも知れませんね。」

2 読む 書く
4の場面を読み、ごんのしたことと、気持ちを考えて表に書こう。

「続きの4と5の場面を読みましょう。」（音読）
「4の場面をもう一度読み、まず、いつ、どこで、何をしたのかを確かめましょう。」
・秋の、月夜、ごんはぶらぶら出かけています。
・道で、お念仏に行く途中の兵十と加助を見ました。
　　教師は、板書でも示していく。

「会話文の、兵十の言葉には、印をつけましょう。」

「では、そこでごんがしたことと気持ちを考えて、表に書きましょう。気持ちが分かる文には、○印をつけておきましょう。」

ごんがしたことは、何でしょう。また、ごんの気持ちも考えてみましょう。

兵十と加助の話を、かくれて聞いています。

ごんが持っていっている栗の話なので、後をつけて、聞きたかったと思います。

井戸のそばで、しゃがんでいます。

38

ごんの様子を読み取ります。

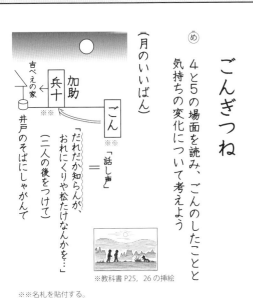

めあて
4と5の場面を読み、ごんのしたことと
気持ちの変化について考えよう

ごんぎつね

（月のいいばん）

「だれだか知らんが、
おれにくりや松たけなんかを…」

「話し声」＝（二人の後をつけて）

ごん

加助
兵十

吉べえの家
井戸のそばにしゃがんで

※※名札を貼付する。
※教科書P25, 26の挿絵

🔍 主体的・対話的で深い学び

・ごんと兵十の間が近づいていく場面。文に即して，児童の発言，対話を交えその場面をイメージさせる。板書でも名札などを動かして，ごんの動きを見えるようにすると，ごんの関心の強さや気持ちも捉えやすくなる。

・もともと，ごんは，兵十に気づかれないように栗を持っていっていることも考えさせたい。だから，最後の「つまらないなあ」「引き合わないなあ」をどう読むか，額面どおりに読むだけでなく，対話を通していろんな考えが出されるとよいだろう。

準備物

・（黒板貼付用） ごん と 兵十 の名札（第4時から使用のもの）

・教科書P25, 26の挿絵の拡大コピー，または，黒板掲示用イラスト DVD 収録【4下_01_14】

---

3 読む
対話する　5の場面を読み，ごんのしたことと，気持ちを考えて書こう。

「ごんが，2人の後をつけていったのは？」
・兵十は，栗を持っていっている自分のことに気づいているのかどうか，話を聞きたかった？
「5の場面を読んで，印と続きを表に書きましょう。」

ごんの気持ちが分かるところと，ごんの気持ちを考えて発表しましょう。

また，2人の後をついて行っています。『話を聞こうと思って』ついていきました。

お念仏が終わるまで，井戸のそばでしゃがんでいました。兵十を待っていたと思います。

「ごんは，『栗の話』を聞きたかったのですね。ごんは，兵十からどれくらいのところにいますか。」
・かげぼうしを踏むくらいだから，すぐそばです。
・兵十の近く，大胆です。よほど聞きたかったのかな。

　　板書でも3人の位置を確かめる。児童に示させてもよい。

---

4 読む
対話する　文をもとに，ごんの気持ちを想像しよう。

「帰り道，兵十と加助の話を聞いたごんには，どんなことが分かりましたか。」
・加助は，栗は神様が恵んでくれたと考えていること。
・兵十も『そうかなあ』『うん』と思っていること。
・ごんが持っていっていることに全然気づいていない。

自分のしていることに気づいていないことを知ったごんの気持ちを，考えてみましょう。

『そっと』置いてきているけれど，少しは気づいてほしい気持ちもあったと思います。

『へえ，こいつはつまらないな。』また，『おれは，引き合わないなあ。』と思っています。

「このようなごんを見て，どう思ったのか，書いて話し合いましょう。」
・気づかれないように，でも気づいてほしいという気持ちもあった。
・でも，このことで，ごんはやめない気がします。

ごんぎつね　39

ネットニュースだけではわからない奈良教育大学附属小学校の授業　国語　117

人として生きるための附属小学校の美術教育

くらしを描き，くらしを紡ぐ

「小学校の図工科や中学校の美術科は，何のためにあるのだろうか？」
－奈良教育大学附属小学校の子どもたちの作品は，わたしたちにこう問いかけてきます。

コロナ禍を終えた今，あらためて「美術教育は何のためにあるのか」を附属小学校の実践から問い合ってみたいと思います。

また，そのことから学習指導要領や教科書について考える視点を得ることができればと願います。

■自分をみつめる「もう一人の自分」をつくる

「先生，毛布を敷いているところを描きたいんですけど…？」

5年3学期，「冬のくらし」の絵を描きはじめたとき，典子さんがこう尋ねてきました。

「毛布を敷いているところ？めずらしい場面やね。動きのある画面にするには，どういうアングルがいいかなぁ。」

と，いくつかのアングルを考えて伝えました。

わたしは毛布を敷くことそのものが主題なんだと早合点し，この場面を選んだ理由は尋ねませんでした。それで，できあがった作品に付された題を見て驚きました，『明日の遊びを考える私』。

図画工作　「明日の遊びを考える私」

自分をみつめる「もう一人の自分」をつくる（1）

『明日の遊びを考える私』
（5年／典子）

　典子さんは毎晩寝る前，「明日，友だちとどんなことをして遊ぼうか」と考えるのでしょう。やや上目づかいの表情の内にそんな思いがよみとれます。明日の遊びが決まり，それを楽しみにして床につく日もあるでしょうし，なかなか決まらなくて不安を残して眠る日もあるでしょう。一日のくらしを終えようとするときに明日のことが気になる。この絵にはそうした子どもの心情があります。

　また，毛布を敷きながら明日の遊びを考えている自分を絵に描くことにどういう意味があるのか？という問いも生じました。

　例年この題材「冬のくらし」では，大掃除をして部屋中がピカピカになって気持ちよかった，家族とスキーに行って雪だるまをつくった，などと，ふだんのくらしにはない事柄や出来事が数多く取りあげられます。

　それに比べると「明日の遊びを考える」という主題は，ふだんのくらしであり，造形イメージとしてもそれほど明確ではありません。

明確でなかったから，典子さんもどう描けばよいか尋ねてきたのでしょう。

わたしは，こうした主題の選択はとてもねうちがあると思います。と言うのは，印象も造形イメージもそれほど強くない出来事を「どうだったかなぁ」「こうだったかなぁ」「ちがうなぁ」と試行錯誤しながら表現することで，昨日までの自分をみつめる今の自分が生み出されていくと思うからです。描くことをとおして，明日の遊びを考える自分をみつめる「もう一人の自分」が立ち現れ，その自分が昨日までの自分を内実化していく。このことに大きな意味を感じます。

いま，少なくない子どもたちが自分が仲間からどう思われているかを案じ，自分を抑えてキャラを演じていると言われています。仲間から受け入れられる「自分」，また仲間に求められる「自分」をつくろうとして，ありのままの自分づくりが難しくなっています。自分を自分で価値づける営みは人間にとってとても大事なことなのに…。

自分のくらしを自分で見つめ，昨日までの自分を今日の自分が価値づけていく。そうして価値づけられた昨日・今日の自分が，明日のくらし，明日の自分をつくっていく。くらしを描くことは，子どもたちのこうした営みを励ますものではないでしょうか。

わたしは，くらしの絵のこうしたはたらきは今を生きる子どもたちにとって欠かせないものだと思います。

図画工作　美容師として働く　お母さんの姿

家族へのまなざしを深める（1）

■家族へのまなざしを深める

　このごろの子どもたちのくらしを見ると，物は豊富でも，時間や空間には制約が多いように思います。また，「優れる・劣る」，「勝つ・負ける」といった関係をしいられるなかで，子どもたちにとってとても大切な他者である家族や友だちとのつながりも弱められているのではないでしょうか。

　「冬のくらし」で，香織さんは美容師として働くお母さんの姿を描きました。美容師をされているお母さんの年末年始はお忙しい日々でしょう。香織さんは，冬休みの間にそうしたお母さんの姿を2つ（下の図の【A】【B】）のアングルからスケッチしてきました。

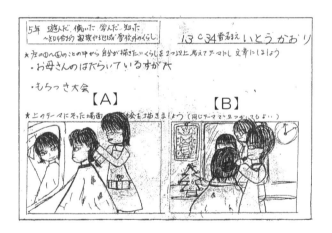

　【A】にはお母さんの横顔・お客さんの横顔・鏡に映ったお客さんの正面顔の3つの顔が，また【B】にはお母さんの横顔だけが，それぞれ描かれています。どちらにするかを話し合っていくと，香織さんは，一生懸命に働くお母さんの姿を中心にしたいと言って【B】を選び，お母さんの全身をあらわすこと，また，お客さんの表情の一部を鏡の中に描きこむことを思いつきました。

家族へのまなざしを深める（2）

　約2ヶ月かけてできあがった作品の題名は，『働くお母さんはすごい』
です。はさみやブラシを使いこなし，きれいにパーマをあてていく美容
師としてのお母さん。絵を描きながら香織さんの心のなかには働くお母
さんの姿が少しずつ少しずつ刻み込まれていき，できあがったときには
自信をもって「すごい」と言えたのだと思います。香織さんの内には，
表現活動をとおしてとても大事なものが芽生えたのではないでしょう
か。鏡に映ったお客さんの笑顔とお母さんの満足そうな表情の響き合い
が素敵です。

『働くお母さんはすごい』
（5年 / 香織）

リレーの絵を描くことで，"対話"が生まれ，深まっていく

願いを紡ぎ，願いを生み出す表現活動を

■願いを紡ぎ，願いを生み出す表現活動を

　楽しい・嬉しい，悲しい・くやしい…。子どもたちが日々感情豊かにくらすことを願います。また，くらしに根ざした願いや目標を見つけ，それを仲間と分かち合うようであってほしいとも思います。願いや目標をもつことは人間が人間であることの証であり，豊かに生きることにつながると思うからです。

　表現活動が子どもたちのこうした営みを励ますものになればどんなに素晴らしいでしょう。

　たとえば，リレーの絵。「1位になるぞ」「バトンを落とさないかなぁ」「あぁ，もうしんどい」，絵を描きながらリレーのときのことがさまざまに思い出されます。全力疾走しているときの体の形や顔の表情を追求するなかで，リレーにとりくむ自分や仲間との"対話"が生まれ，深まっていきます。こうして描いていくと，「今度は新記録を出したい」「今度はあの子を追い抜きたい」といった願いもわいてくるでしょう。

　描くことで自分や仲間，家族のがんばりが確かめられ，深められていく。そのうえで新たな願いや目標も生まれてきて，より自発的，積極的に生きることにつながっていく。生活と表現と願いとがこうした好循環にあるとき，子どもたちは自分自身への自信も深めていくでしょう。

　コロナ禍の多くの実践報告が，実物と向き合うことの大事さや，教室での会話，友だちや教員のまなざしの重みを語っています。五感を活かす美術の授業は，子どもたちと教員が相互に理解を深め合い，人間的なぬくもりを交わし合える場です。

『冬のくらしをみつめて』5年

『あっ，ねずみのえとの
となりにねこがいる』

初もうでの一コマです。前に突き出された首が，驚きをあらわしています。ねずみにねこ…，どんな年になることか？

『お年玉をもらって
にやつくぼく』

目を閉じて，何を考えているのだろう。（さて，どう使おうかなぁ？），それとも…？
「にやつく」が場面をほほえましいものにしています。

図画工作

冬のくらしをみつめて（2）
「まやかしの手」
「教えてもらいながらつくったおもち」

人間的なぬくもりを交わし合う美術の授業（2）

　「グローバル人材」という枠組みのなかで，大人も子どもも性急に成果を求められ，人間らしさを見失いがちな今，附属小学校の子どもたちの表現にふれて，あらためて美術教育は人として生きるために欠かせないものだと感じます。人間らしさを育む美術教育のねうちをいまこそ大勢で問い合いたいと願います。

『冬のくらしをみつめて』5年

『まやかしの手』

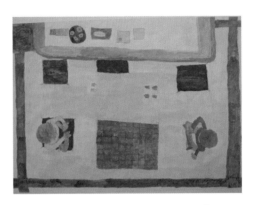

兄との対決。上からのアングルで描かれているため，向き合った緊張感が伝わってきます。

『教えてもらいながら
　つくったおもち』

指先の描写がとてもていねいです。少しかしげたしぐさからも，おいしいおもちにしたいという気持ちがよく伝わってきます。

本章の作品の出典は，「くらしから生まれ，くらしをつくる生活の絵-くらしを見つめる子どもたち」（「美術の教室／85号」）より

著者紹介 (敬称略)

菊池 省三 教育実践研究家・菊池道場道場長

• 文部科学省「『熟議』に基づく教育政策形成の在り方に関する懇談会」委員
• 岡山県浅口市学級経営アドバイザーなど各地の自治体の顧問などを歴任

2012 年 7 月，NHK 人気番組【プロフェッショナル 仕事の流儀】で取り上げられたことをきっかけに全国へ講演。テレビ東京「たけしのニッポンのミカタ」，日本テレビ「NEWS ZERO」「世界一受けたい授業」などにも出演し大きな反響を得ている。

2015 年 3 月，小学校教員を退職。

33 年間の教職人生の中で培った教育実践をもとに，21 世紀の教育をめざし執筆，講演活動中。

菊池省三オフィシャルサイト http://www.kikuchi-shozo.net/

●主な著書
『学級崩壊立て直し請負人』(新潮社)
『菊池先生のことばシャワーの奇跡』(講談社)
『菊池省三流　奇跡の学級づくり』(小学館)
『日本初！小学生が作ったコミュニケーション大事典　復刻版』(中村堂)
『授業がうまい教師のコミュニケーション術』(学陽書房)
『ほめ言葉手帳』(明治図書)
『マンガでわかる教師の言葉かけとパフォーマンス』(喜楽研)　　　　　…他著書多数

原田 善造 わかる喜び学ぶ楽しさを創造する教育研究所・著作責任者

住友化学医薬事業部製剤研究室を退職後，
大阪府高槻市小学校教員になる。
教え子を中心に高槻女子フットボール部を結成し，初代監督に就任。
第 1 回女子サッカー全国大会準優勝。NHK ニュースで大きく取り上げられる。
2002 年，小学校教員を退職。
2002 年，わかる喜び学ぶ楽しさを創造する教育研究所（喜楽研）創業に加わる。

●著作・編集・編集協力・監修・書籍
令和 2 年版　教科書『みんなと学ぶ　小学校　算数 1 年（上）～ 6 年』(学校図書)
『改訂新版　まるごと授業国語 (上)　1 年～ 6 年』(喜楽研)
『改訂版　国語教科書プリント　光村図書版 1 年～ 6 年』(喜楽研)
『どの子もわかる算数プリント 1-①～ 6-②』(喜楽研)
『10 分でできる小学校教室ミニかざり』(たんぽぽ出版)
『これならできる総合学習 107 名の実践集』1・2 年 3・4 年 5・6 年 (民衆社)
『たのしい算数ぬきとりプリント 1 年～ 3 年』(たかの書房)　　　　　…他著書多数

参考文献一覧（順不同）

谷山清『継承し発展させてほしい　わたしの教育史Ⅱ』
ミナミ印刷株式会社　自費出版センター　2008 年

奈良教育大学附属小学校編『自立する学び』
かもがわ出版　2006 年

奈良教育大学附属小学校編『みんなのねがいでつくる学校』
クリエイツかもがわ　2021 年

菊池省三『授業を変えよう』
中村堂　2022 年

平野朝久『はじめに子どもありき』
東洋館出版社　2017 年

中原淳『話し合いの作法』
PHP ビジネス新書　2022 年

中村幸成，菊池省三，安野雄一，入澤佳菜，鈴木啓史，南山拓也
『喜楽研のＤＶＤつき授業シリーズ　新版まるごと授業　国語 4 年（下）』喜楽研　2020 年

原田善造，新川雄也
『喜楽研の QR コードつき授業シリーズ　改訂新版　板書と授業展開がよくわかる　まるごと授業算数
2 年 (下)』喜楽研　2024 年

中村幸成，平田庄三郎，横山慶一郎
『喜楽研の QR コードつき授業シリーズ　改訂新版　板書と授業展開がよくわかる　まるごと授業理科
3 年』喜楽研　2024 年

羽田純一，中楯洋，倉持祐二
『喜楽研の QR コードつき授業シリーズ　改訂新版　板書と授業展開がよくわかる　まるごと授業社会
6 年』喜楽研　2024 年

藤田喜久，服部宏，内海公子他
『全学年 1250 点のカラー作品と 22 名の著者によるまるごと図画工作』1 年〜 6 年　喜楽研　2009 年

山室光生「くらしから生まれ，くらしをつくる生活の絵－くらしを見つめる子どもたち－」
『美術の教室』85 号　2008 年

フランシス・オウ『折り紙ハート』筑摩書房　1990 年

※表紙絵：『全学年 1250 点のカラー作品と 22 名の著者によるまるごと図画工作』1 年〜 6 年より

ネットニュースだけではわからない

子どもを主人公にした
奈良教育大学附属小学校の豊かな教育

2024 年 3 月 20 日　第 1 刷発行

著　　　者：　菊池 省三・原田 善造
イ ラ ス ト：　山口 亜耶
装　　　丁：　寺嵜 徹デザイン制作事務所
企画・編集：　原田 善造

発　行　者：　岸本 なおこ
発　行　所：　喜楽研（わかる喜び学ぶ楽しさを創造する教育研究所：略称）
　　　　　　　〒 604-0854　京都府京都市中京区二条通東洞院西入仁王門町 26-1
　　　　　　　TEL　075-213-7701　FAX　075-213-7706
　　　　　　　HP　https://www.kirakuken.co.jp
印　　　刷：　創栄図書印刷株式会社

ISBN978-4-86277-487-3　　　　　　　　　　　　　　　　Printed in Japan